SIMPLISSIME

Irland

DER PRAKTISCHSTE REISEFÜHRER DER WELT

EINFACH LOS!

BRUCKMANN

WAS IST DAS BESONDERE AN DIESEM REISEFÜHRER?

– Es ist ein Reiseführer für alle Reisenden und alle Arten von Reisen: mit der Familie oder mit Freunden, für jedes Budget, mit dem Auto oder mit öffentlichen Verkehrsmitteln.
– Sie finden sämtliche Informationen, die Sie brauchen, um Ihren Urlaub gut vorzubereiten.
– Es ist ein Buch, das sich auf das Wesentliche einer Reise konzentriert, damit Sie nichts von dem verpassen, was man unbedingt gesehen haben muss.
– Das Buch hat zwei Autorinnen, die ihre Lieblingsadressen nennen: Restaurants mit lokalen Spezialitäten, Bars und Cafés für entspannte Pausen, die lohnendsten Sehenswürdigkeiten, die besten Pubs und vieles andere mehr.

Dieses Buch besteht aus vier Teilen:

• **Praktische Infos** über das Reiseziel: Klima, Gesundheitsversorgung, Lebenshaltungskosten, Transport, Unterkunft und mehr – alle praktischen Dinge, die Sie zur Vorbereitung Ihres Urlaubs und für eine entspannte Zeit vor Ort benötigen.
• Die **Themen des Landes**: Dieser Abschnitt hilft Ihnen bei der Planung Ihrer Reise. Suchen Sie sich hier Ihre persönlichen Highlights aus.
• Die **Touren**: zwei Tourenvorschläge (eine im Süden der Insel, die andere im Norden). Jede wird ausführlich mit **Zwischenstopps** beschrieben. Sie erhalten Tipps für Besichtigungen, Aktivitäten, gute Adressen und **detaillierte Routen**, um von einem Zwischenstopp zum anderen zu gelangen. Manchmal schlagen wir auch vor, einen Abstecher in Form eines **Tagesausflugs** zu machen.
• Ein sehr praktisches **Register**, das viele nützliche Informationen und Öffnungszeiten für einzelne Sehenswürdigkeiten auflistet.

Womit anfangen?

Wählen Sie die Region Irlands, die Sie besuchen möchten: **Tour 1** (von Dublin über Cork und Galway nach Connemara und zurück nach Dublin, S. 42) oder **Tour 2** (eine Rundreise von Belfast aus, S. 136).

Vor der Abreise

Buchen Sie Ihren Flug (S. 10) und Ihre Unterkunft (S. 13) entsprechend den vorgeschlagenen Zwischenstopps. Die Flüge und Entfernungen sind ab Frankfurt angegeben, die Einreiseformalitäten gelten für deutsche Staatsangehörige.

Öffnungszeiten

Sind Sehenswürdigkeiten an bestimmten Tagen geschlossen, vermerken wir dies. Weitere Informationen finden Sie im Register oder auf der entsprechenden Internetseite.

Reservierungen

Für manche Sehenswürdigkeiten müssen Sie Tickets im Voraus buchen. Darauf weisen wir immer hin.

Sind Sie bereit? Dann lesen Sie weiter und genießen Sie Ihre Reise!

INHALT

PRAKTISCHE INFOS

DIE THEMEN DES LANDES

TOUREN

TOUR 1

Bereiten Sie Ihre Reise vor und genießen Sie Ihren Urlaub, ohne etwas von dem Land zu verpassen. Mit diesem Reiseführer können Sie das Beste von Irland entdecken. Tauchen Sie ein in die Atmosphäre von Dublin oder Belfast, fahren Sie auf schmalen Straßen (die Sie sich mit den Schafen teilen müssen!), die zu grandiosen Klippen führen, und lassen Sie sich von der Musik leiten, die aus den Straßen dringt, um zu entscheiden, in welchem Pub Sie den Abend verbringen möchten.
Wenn Sie von Irland träumen, fahren Sie einfach hin!

100 % IRLAND

Die Lieblingsadressen der Iren finden Sie, wenn Sie dieses Piktogramm entdecken. Es steht bei den für Tour 1 von **Ketty Quigley** (www.frenchfoodieindublin.com) und für Tour 2 von **Violaine Malié** (www.vio-vadrouille.com) ausgewählten Orten. Ketty, die seit 2004 in Dublin lebt und eine große Feinschmeckerin ist, liebt es, neue Restaurants und Cafés zu entdecken. Nach fünf Jahren in Belfast kennt Violaine die Stadt wie ihre Westentasche. Sie ist ein eingefleischter Fan von Nordirland und fährt für ihr Leben gern auf kleinen Straßen durchs Land, sogar bei Regen!

IRLAND IN KÜRZE

Republik Irland
Hauptstadt: Dublin

Nordirland
(Vereinigtes Königreich)
Hauptstadt Belfast

2 Std. Flugzeit
von Dublin oder Belfast nach Frankfurt

Gültiger Personalausweis oder Reisepass

Zeitverschiebung
1 Std.: 11 Uhr in Berlin = 10 Uhr in Dublin und Belfast

Englisch
(Sie können auch Gälisch lesen und hören.)

Euro (€) in der Republik Irland, **Britisches Pfund (£)** in Nordirland

6,5 Mio. Einwohner
Auf der Insel leben etwa so viele Menschen wie in Hessen.

Fläche

84 400 km²
Die Insel ist rund fünfmal so groß wie Thüringen.

ATLANTISCHER
OZEAN
Ballycastle
Letterkenny
Londonderry
NORDIRLAND
BELFAST
Enniskillen
CONNEMARA
REPUBLIK
IRLAND
Galway
DUBLIN
Limerick
Kilkenny
Killarney
RING
OF KERRY
Cork
IRISCHE SEE
0
40
80 km

ANREISE

FLUGZEUG

Vier große internationale Flughäfen werden von Deutschland aus angeflogen: Dublin, Belfast (zwei Flughäfen) und Cork.
Flugzeit: etwa 2 Std. von Frankfurt nach Dublin, Belfast oder Cork.

PREIS FÜR EIN RÜCKFLUGTICKET

Frankfurt - Dublin und Frankfurt - Belfast

135 €	**Durchschnittlicher Preis**
80 €	**Guter Preis**
55 €	**Super Preis!**

Die Preise sind im Jahresdurchschnitt angegeben. In der Hochsaison (Mai–August) liegen sie höher.

FÄHRE

15–20 Std. Überfahrt

- Cherbourg > Dublin
- Cherbourg > Rosslare
- Roscoff > Cork
- Roscoff > Rosslare

www.irishferries.com
www.brittanyferries.com
www.stenaline.fr

PORTMAGEE
SEAFOODS LTD

KLIMA

IDEALE REISEZEIT
Von **Juni–August** ist das Wetter optimal (lange Tage, mehr Sonne und weniger Regen als sonst). **Mai** und **September** können auch gut sein.

GEMÄSSIGTES KLIMA
Das Wetter kann innerhalb eines Tages sehr wechselhaft sein. Es herrschen milde Temperaturen.

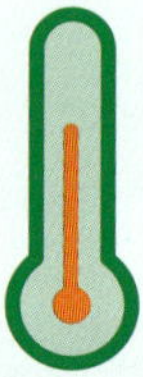

TEMPERATUREN
(Min./Max.)
Frühling: 7/15 °C
Sommer: 13/19 °C
Herbst: 8/14 °C
Winter: 3/8 °C

GESUNDHEIT UND SICHERHEIT

- Im Sommer locken Seen, Sümpfe und **midges** an, kleine Stechmücken, die in großer Zahl auftreten.
- Kaufen Sie ein spezielles Mückenschutzmittel vor Ort.

Vor dem Urlaub sollten Sie sich eine **Europäische Krankenversicherungskarte** (EHIC) besorgen, damit die Kosten für die medizinische Versorgung vor Ort übernommen werden.

NOTFALL

Republik Irland: 112 o. 999

Nordirland: 999

ÜBERNACHTEN

BED AND BREAKFAST (B&B)

- Der beste Weg, um Iren zu treffen und ein Irish breakfast zu genießen! Sehr viele Adressen, sowohl auf dem Land als auch in der Stadt.
- Auf der Internetseite www.bandbireland.com finden Sie B&Bs, die von den Fremdenverkehrsämtern beider Irlands mit einem Gütesiegel ausgezeichnet wurden. Buchen Sie für den Sommer weit im Voraus.
- Auf Buchungsplattformen für Privatpersonen gibt es viele Angebote.

HOTELS, LANDHÄUSER UND COTTAGES

- Eher teure Hotels für das Preis-Leistungs-Verhältnis. Wenige Häuser, keine großen Ketten.
- Verbringen Sie für einen außergewöhnlichen Aufenthalt eine Nacht in einem Landhaus oder Schloss (Budget einplanen).
- Oder mieten Sie ein Cottage, um eine sehr irische Erfahrung zu machen.

UNTERWEGS

MIETWAGEN

- Teuer, aber am praktischsten, um sich fortzubewegen, sobald man sich an den Linksverkehr gewöhnt hat. **Tipp**: Buchen Sie ein Automatikauto, um nicht mit der linken Hand den Schalthebel bedienen zu müssen.
- Achtung: Einige Autovermieter verlangen eine **Kredit- statt einer Debitkarte** und nehmen eine hohe Kaution. **Tipp**: Buchen Sie ein Paket, in dem keine Selbstbeteiligung erhoben wird, die oft sehr hoch ist.
- Fragen Sie bei der Mietwagenfirma nach, ob Sie die **Grenze** zwischen der Republik Irland und Nordirland überqueren dürfen.

MAUT

- Keine gebührenpflichtigen Straßen in Nordirland.
- In der Republik Irland gibt es einige, darunter die **M50 Toll Road** (rund um Dublin), die keine Mautschranke hat (Nummernschild wird von einer Kamera gescannt).
- Mautgebühren sind bis 20 Uhr des Folgetages entweder auf www.eflow.ie oder bei einem zugelassenen Unternehmen (Payzone-Logo, www.payzone.ie) zu entrichten.
- Einige Autovermieter ziehen den Betrag direkt ab.

LINKSVERKEHR
Kleben Sie zur Erinnerung ein Post-it an das Lenkrad!

BEIFAHRER
müssen mindestens 12 Jahre alt sein.

FAHRZEITEN
Planen Sie mit engen Straßen und Schafen!

PARKEN

Parkuhrsystem (Münze oder *park by phone*) oder mit *parking disc* (eine Rubbelkarte, die man in einem Geschäft in der Nähe kaufen kann; man gibt seine Ankunftszeit an).

TANKEN

Tankstellen bei Supermärkten und 24-Stunden-Zapfsäulen sind selten. Benzin (*unleaded*) und Diesel sind etwas teurer als in Deutschland.

PROMILLEGRENZE

In der Republik Irland gilt, wie in Deutschland, eine Promillegrenze von 0,5 (Fahranfänger 0,2). In Nordirland liegt die Grenze bei 0,8 Promille.

GESCHWINDIGKEITSBESCHRÄNKUNGEN

(in Nordirland in Meilen, m/h)

	REPUBLIK IRLAND	NORDIRLAND
Innerhalb von Ortschaften	50 km/h	30 m/h (48 km/h)
Außerhalb von Ortschaften	80–100 km/h	60 m/h (95 km/h)
Schnellstraßen/Autobahnen	120 km/h	70 m/h (110 km/h)

BUS UND ZUG

- Die nationalen Busgesellschaften (Bus Eireann für die Republik Irland, www.buseireann.ie; Ulsterbus für den Norden, www.translink.co.uk) bedienen die Insel gut. Zahlreiche private Busunternehmen.
- Das Bahnnetz ist nicht sehr eng geknüpft.

GELD

BARGELDLOS ZAHLEN

- Man kann fast überall bargeldlos zahlen (weniger in B&Bs). In ländlichen Gebieten gibt es nur wenige Geldautomaten.
- Erkundigen Sie sich bei Ihrer Bank, welche Gebühren und Höchstgrenzen für Abhebungen und Zahlungen in der Republik Irland und in Nordirland gelten.

AUSGABEN

Irland ist ein eher teures Reiseziel. Durchschnittliche Preise in der Republik Irland (und Nordirland):

- 100–120 € für eine Nacht im Hotel (70–90 £)
- ca. 15–20 € für ein Gericht in einem Restaurant (12–17 £)
- 5 € für ein frisch gezapftes Bier in Dublin (4 £ in Belfast)
- 5–10 € (8 £) für die meisten Sehenswürdigkeiten und fast 20 € (18 £) für wichtige Denkmäler.

WECHSELKURS
(Nordirland)

1 £ = 1,20 €
1 € = 0,83 £

ERMÄSSIGUNGEN

- **Early-Bird-Menü** in einigen Restaurants (ermäßigtes Menü, das zwischen 18 und 19 Uhr serviert wird).
- **Advance purchase** (Vorausbuchung) in Hotels (billiger, aber nicht erstattungsfähig).
- **Online-Tickets** für Sehenswürdigkeiten und Museen sind oft günstiger.

FREIER EINTRITT

Der Eintritt zu Museen und historischen Stätten (Heritage Sites) ist am 1. Mi des Monats in der Republik Irland frei; außer Kilmainham Gaol (S. 68) und dem Schloss in Dublin (S. 48), Brú na Bóinne (S. 72) und Clonmacnoise Abbey (S. 135).

CITYCARD

Vorteile bei vielen Sehenswürdigkeiten, Museen und Verkehrsmitteln mit Citycards:
www.dublinpass.fr
www.visitbelfast.com

TRINKGELD

freiwillig

IM ALLTAG

MINDERJÄHRIGE UND PUBS

Minderjährige dürfen sich nach 21 Uhr nicht mehr in Pubs aufhalten. In kleineren Städten wird das manchmal flexibler gehandhabt.

STROM

Auf der Insel findet man Steckdosen vom **Typ G**. Adapter gibt es in Baumärkten, Elektrogeschäften oder am Flughafen.

ÖFFNUNGSZEITEN

- Vergleichbar mit Deutschland. Supermärkte haben meist länger geöffnet.
- Manche Pubs und Restaurants schließen früher.

TOURISTENINFO

Discover Ireland Centre und *Tourist Office* sind Fundgruben an Informationen. Man erkennt sie am weißen »i« auf grünem Hintergrund.

Gälisch oder Irisch ist die zweite offizielle Sprache Irlands. Man kann mit **fáilte** (Willkommen!) oder **sláinte** (Gesundheit!) begrüßt werden. **An Lár** bedeutet »Stadtzentrum«, und **Baile Átha Cliath** ist der andere Name für Dublin!

FESTE UND FEIERTAGE

REPUBLIK IRLAND		NORDIRLAND
Neujahr	1. Jan.	**Neujahr**
St. Patrick's Day	17. März	**St. Patrick's Day**
Karfreitag	beweglich	**Karfreitag**
Ostermontag	beweglich	**Ostermontag**
May Day Bank Holiday	1. Mo im Mai	**May Day Bank Holiday**
Bank Holiday	1. Mo im Juni	**Spring Bank Holiday**
–	letzter Mo im Aug.	**Summer Bank Holiday**
–	12. Juli	**Orangemen's Day**
Allerheiligen	1. Nov.	**Allerheiligen**
Weihnachten	25. Dez.	**Weihnachten**
St. Stephen's Day	26. Dez.	**Boxing Day**

ST. PATRICK

Am 17. März, dem St. Patrick's Day, ist das ganze Land in einem grünen Rausch und feiert mit Paraden und Musik. Die Pubs sind voll an diesem Tag!

EINGESCHRÄNKT

An Feiertagen gelten für Geschäfte kürzere Öffnungszeiten, öffentliche Verkehrsmittel fahren seltener. Weihnachten wird alles komplett heruntergefahren.

ORANGEMEN'S DAY

Die protestantischen Paraden am 12. Juli in Nordirland können zu gewissen Spannungen mit den Katholiken führen. Vermeiden Sie politische Themen.

TELEFON UND INTERNET

In der Republik Irland haben nicht alle Telefonnummern die gleiche Anzahl von Ziffern.
Handynummern beginnen mit 085, 086, 087 und 088.
In Nordirland bestehen alle Nummern aus 8 Ziffern.

00 353 66 915 2626

internationale Vorwahl (353) – regionale Vorwahl (66) – Rufnummer (915 2626)

00 44 28 9031 4121

internationale Vorwahl (44) – Vorwahl von Nordirland (28) – Rufnummer (9031 4121)

66 915 2626

regionale Vorwahl, die nicht gewählt werden darf, wenn man aus derselben Region anruft (66) – Rufnummer (915 2626)

GEBÜHREN

Auch wenn Roaminggebühren im EU-Ausland nicht mehr erhoben werden (und laut Ankündigungen der deutschen Mobilfunk-Provider nach dem Brexit zumindest vorerst auch in Nordirland nicht), kann das Herunterladen von Daten schnell ins Geld gehen. Bevor Sie Ihr Limit überschreiten, erhalten Sie in der Regel eine Warnung Ihres Anbieters. Wer im Urlaub viel online unterwegs sein möchte, kann Datenpakete extra erwerben.

048 9031 4121

Vorwahl von Nordirland aus der Republik Irland – Rufnummer

353 66 915 2626

internationale Vorwahl – regionale Vorwahl – Rufnummer

28 9031 4121

Vorwahl von Nordirland – Rufnummer

PUBS, DIE IRISCHE SEELE

GEBRAUCHS-ANWEISUNG

Man bestellt an der Bar und setzt sich hin. Der Pub (Abkürzung für *public house*) ist der Treffpunkt für Iren aller Altersgruppen. Es ist der Ort des *craic*, also der guten Zeit, die man mit Freunden verbringt.

ÖFFNUNGS-ZEITEN

Die Pubs schließen früh (23–24 Uhr). 30 Min. vorher verkündet eine Glocke die letzte mögliche Bestellung (*last call!* oder *last order!*).

AMBIENTE

Die Atmosphäre ist gut, es gibt Konzerte mit traditioneller oder rockiger Musik, Übertragungen von Rugby- oder Fußballspielen und Partys – jeder Pub hat seinen eigenen Stil. Livemusik (*sessions*) gibt es nicht jeden Tag und nicht in allen Pubs.

WAS WIRD GETRUNKEN?

Bier wird vom Fass (*on tap*, *draught* oder *draft*) im *pint* (ein guter halber Lietr), *half pint* oder in Flaschen serviert.

Immer in Maßen kann man auch **Whiskey** oder Getränke mit Whiskey bestellen: Irish Coffee oder Irish Mist (ein Likör).

Lassen Sie sich den irischen **Cider** nicht entgehen. In den Pubs werden auch alkoholfreie Getränke serviert.

WAS WIRD GEGESSEN?

Einige Lokale bieten Pub-Küche (*pub food* oder *pub grub*) an: typische irische Gerichte wie Suppe, Irish Stew oder Fish & Chips.

Die Küche hat mittags und abends (bis 20.30 oder 21 Uhr) geöffnet.

Ein **Gastropub** bietet aufwendigere Gerichte an.

Nehmen Sie einen **Ausweis** mit. In einigen Pubs gilt ein Mindestalter für den Alkoholkonsum von 21 statt von 18 Jahren. Minderjährige dürfen nach 21 Uhr nicht mehr im Pub sein.

Bar aus Mahagoniholz, matte Fensterscheiben, dunkles Interieur, gedämpftes Licht: der Inbegriff eines **viktorianischen Pubs** aus dem 19. Jh.

BREWERY CORNER

29 Parliament St., Kilkenny

»Die Bar, in der Sie lokale Biere aus der Brauerei O'Hara's genießen können. Livemusik und DJs an bestimmten Wochentagen.«

(S. 79)

WHISKEY, GUINNESS & CO.

WHISKEY

Whiskey soll irischen und nicht schottischen Ursprungs sein! Beim Besuch einer Destillerie wird der Unterschied zum schottischen Whiskey deutlich.

Jameson Distillery
bei Cork

ADRESSEN

Folgende Destillerien, die oft in Museen umgewandelt wurden, können besichtigt werden:

Dublin: Teeling Distillery (S. 48), Old Jameson (S. 68). **Bei Cork**: Jameson Distillery (S. 88). **Nordirland**: Old Bushmills (die älteste der Welt, S. 154).

GUINNESS

Das kultigste aller irischen Biere (1 Mio. Pints sollen jeden Tag im Land verkauft werden)! Guinness ist das bekannteste *Irish stout* (geröstete Gerste und geröstetes Malz) und wird von einer Vielzahl von Mikrobrauereien (*breweries*) hergestellt. Die meisten öffnen ihre Türen für Besichtigungen und Verkostungen oder haben einen angeschlossenen Pub.

Guinness Storehouse in **Dublin** (S. 68), Smithwick's Experience in **Kilkenny** (S. 78), Franciscan Well Brewery in **Cork** (S. 86) und die Galway Bay Brewery (www.galwaybaybrewery.com) bei **Galway**.

IRLANDS FARBEN

50 Schattierungen von Grün – das Land heißt auch »**Smaragdinsel**«.

Wählen Sie Ihren **Pub** nach Ihrer Lieblingsfarbe aus!

Wandgemälde in Belfast zeugen von vergangenen Spannungen.

Türen in Dublin
Georgianische Häuser rund um den Merrion Square.

Farbenfrohe Häfen
Harmonie zwischen Fassaden und Fischerbooten.

KULINARISCHE SPEZIALITÄTEN

Irish breakfast oder *fry*
Ein Erlebnis für sich.

Irish stew Das Nationalgericht! Lammfleisch, Kartoffeln und Karotten.

Bangers and mash
Kartoffelpüree mit Würstchen!

Boxty
Kartoffelkuchen aus dem Norden der Insel.

Dublin Coddle Eintopf aus Kartoffeln, Würstchen, Speck und Zwiebeln.

Fish & Chips
Ein Klassiker.

Colcannon
Püree aus Grünkohl und Kartoffeln.

Austern und Guinness
Selten, aber sehr angesagt.

Scones
Die kleinen Kuchen sind perfekt zum Irish Tea!

The Quays
10-12 Temple Bar Sq.,
Dublin

Den besten **Dublin Coddle** gibt es in diesem touristischen, aber netten Pub. *(S. 51)*

Fish Shop
76 Benburb St.,
Dublin

»Fischspezialitäten und minimalistische Einrichtung. Das beste Fish & Chips der Stadt!« *(S. 69)*

Mourne Seafood Bar
34-36 Bank St., Belfast

»Eine Adresse, die bei den Einheimischen wegen ihres frischen und köstlichen Fischs sehr beliebt ist. Ihre *seafood chowder* und die frischen Muscheln sind ein Genuss!« *(S. 144)*

PANORAMASTRASSEN

Old Military Road
Die R 115 in den Wicklow Mountains.

Ring of Kerry
180 km lange Küstenstraße.

Skellig Ring
Imposante Strecke im Schatten des Ring of Kerry.

Slea Head Drive
Prächtige Rundstrecke über die Dingle-Halbinsel.

Sky Road
10 km Serpentinen mitten in Connemara.

Torr Head Scenic Road Großartige Panoramastraße!

ATLANTISCHER OZEAN
Ballycastle
S. 150
Letterkenny
Londonderry
Torr Head Scenic Road
BELFAST
Enniskillen
S. 132
Sky Road
Galway
DUBLIN
S. 74
Old Military Road
Limerick
Kilkenny
S. 108
Slea Head Drive
Killarney
S. 104
S. 102
Ring of Kerry
kellig Ring
Cork
IRISCHE SEE
0
40
80 km

IRLANDS MYTHEN UND LEGENDEN

KOBOLDE UND HEINZELMÄNNCHEN

Dieser schelmische, grün gekleidete kleine Kobold bewahrt seinen mit Gold gefüllten Kessel sorgsam bei sich auf. Es handelt sich hierbei um eine der ältesten und bekanntesten Mythen des Landes.

MAGISCHE STRASSE

Etwa 100 km von Cork entfernt liegt die **Magic Road** in den **Comeragh Mountains**. Halten Sie an einer Straße, die bergauf führt – und das Auto fährt von selbst rückwärts. Der Legende nach verhindern Feen auf diese Weise, dass die Grenze zu ihrem Reich überschritten wird.

TARA-BROSCHE

Dieses Schmuckstück, das aus dem 7. Jh. stammen soll, wurde zum Schließen eines Umhangs verwendet. Einer Bäuerin fand die Brosche 1850 am Strand. Heute ist sie Teil der Sammlung des **National Museum of Ireland – Archaeology** in Dublin (S. 56).

STEIN DER BEREDSAMKEIT

Dieser Stein wird auch Blarney Stone genannt und ist in die Zinnen des Bergfrieds von **Blarney Castle** eingearbeitet (S. 93). Der Legende nach soll ein einfacher Kuss auf diesen Stein, der kopfüber gegeben wird, jedem die Gabe der Beredsamkeit verleihen.

HARFE

Die Harfe, auf Gälisch *clársach*, ist seit dem 16. Jh. eines der Symbole des Landes und findet sich auf dem **Wappen Irlands**. Sie steht für die Unsterblichkeit der Seele, ihre Musik soll den irischen Soldaten während des Krieges Mut eingeflößt haben.

KELTENKREUZ

Die aus Stein gefertigten Kreuze sind seit dem 7. Jh. in Irland zu finden. Sie sind ein Symbol der keltischen Religion und Kunst. Eines der bekanntesten ist das Muiredach-Kreuz (bei der Klosterruine **Monasterboice**, S. 72). Es zeigt 70 religiöse Szenen.

TRISKELE

Die keltische Triskele besteht aus drei Spiralen, die sich in die gleiche Richtung drehen, und symbolisiert die Lebenszyklen (Jugend, Erwachsensein und Alter) und die Zeit (Vergangenheit, Gegenwart, Zukunft). Sie verkörpert auch die drei keltischen Götter Lug, Dagda und Ogme.

KLEEBLATT

Der **heilige Patrick** soll diese Pflanze benutzt haben, um den Kelten die Heilige Dreifaltigkeit – die drei Blätter stehen demnach für den Sohn, den Vater und den Heiligen Geist. Seit dem 16. Jh. wird das Kleeblatt am St. Patrick's Day im Knopfloch getragen.

EIN WENIG GESCHICHTE

ab 4000 v. Chr.
Dolmen und Cromlechs

Im gesamten Westen der Insel entwickelt sich eine Zivilisation, die diese Monumente errichtet. Einige können noch heute besichtigt werden.

700–300 v. Chr.
Einfall der Kelten

Aus Gallien oder Spanien kommend, lassen sich die Kelten nieder und importieren ihr hierarchisches Gesellschaftssystem, in dem ein »Hochkönig« herrscht.

4. Jh.
Saint Patrick und das Christentum

Der heilige Patrick reist durch Irland und passt das Christentum an die Lebensweise der Kelten an. Klöster und keltische Kreuze finden sich auf der ganzen Insel.

795
Ankunft der Wikinger

Mit ihren Drakkaren, die mit Schätzen beladen sind, landen die Wikinger in Irland. Sie gründen die Städte Dublin, Wexford und Waterford.

1169–1170
Eine englische Kolonie

Richard de Clare nimmt Waterford im Süden Irlands ein und heiratet die Tochter des Königs von Leinster, was die Ankunft der Engländer in Irland markiert.

1560
Siedlungspolitik

Unter der Tudor-Dynastie kommen englische Siedler ins Land, die ihrer Meinung nach als Einzige in der Lage sind, »die wilden irischen Tiere zu erziehen«.

1845–1852
The Great Famine

Die Große Hungersnot durch Missernten fordert mehr als 1 Mio. Tote. Es kommt zu einer Massenemigration, vor allem nach Nordamerika.

1916 | Osteraufstand 1921–1923 | Bürgerkrieg
1949 | Republik Irland

Ostermontag 1916: Aufstand der Katholiken wird gewaltsam niedergeschlagen. Anfänge der irischen Nationalbewegung. **Teilung der Insel** (Irish Free State, 1921): Bürgerkrieg zwischen den Anhängern der Bindung an Großbritannien und den republikanischen Unabhängigkeitsbefürwortern. Die **Republik Irland** (Eire) wird 1949 ausgerufen; die Insel bleibt geteilt.

1972
Bloody Sunday

Am 30. Jan., erlebt Derry (Nordirland) bei einem Marsch für Bürgerrechte einen blutigen Sonntag: 13 Zivilisten werden von der britischen Armee getötet.

1998
Good Friday Agreement

Das Karfreitagsabkommen wird unterzeichnet und beendet den mehr als 30 Jahre andauernden Konflikt, der in Nordirland über 3500 Todesopfer gefordert hat.

2014
Ein symbolisches Abendessen

Elizabeth II. und der irische Präsident Michael D. Higgins treffen sich zum Dinner in Schloss Windsor, das es seit dem Irish Free State noch nie gegeben hat.

DOLMEN UND MEGALITHEN

Brú na Bóinne

Erstaunliche Begräbnisstätte, deren Highlight Newgrange ist.

Drombeg Stone Circle

In den Legenden auch als »Altar des Druiden« bezeichnet.

Poulnabrone Dolmen

Der berühmteste ist 2 m hoch.

Beltany Stone Circle

64 Steine, die einen perfekten Kreis bilden.

ATLANTISCHER
OZEAN
Ballycastle
Letterkenny
Londonderry
S. 174
Beltany Stone Circle
BELFAST
Enniskillen
S. 72
Brú na Bóinne
Galway
DUBLIN
S. 118
Poulnabrone Dolmen
Limerick
Kilkenny
Killarney
Cork
IRISCHE SEE
S. 90
Drombeg Stone Circle
0
40
80 km

OUTDOOR-AKTIVITÄTEN

GOLF

Zu den beliebtesten Anlagen gehören der Grange Golf Club, Portsalon Golf, Ballycare Golf und Royal Portrush. Genießen Sie die Aussicht vom Grün!

SEEKAJAK

Eine Möglichkeit, die Küsten und Buchten Irlands vom Wasser aus zu erkunden. Von der Grafschaft Cork bis nach Donegal gibt es schöne Strecken.

WANDERREITEN

Ein Ausflug in die Natur auf dem Rücken von Pferden oder Ponys, z.B. auf der Dingle-Halbinsel oder in Connemara.

THE GOBBINS

Klippenpfad in Nordirland (S. 150).

CARRICK-A-REDE

Wagen Sie es? Eine Hängebrücke über der Irischen See (S. 154).

KILLARNEY NATIONAL PARK

Zu Fuß, zu Pferd, mit Auto, Fahrrad oder Boot zu erkunden (S. 98)!

GLENVEAGH NATIONAL PARK

Mehrere Wanderwege in wilder Natur (S. 170).

FILMKULISSEN

Larrybane Quarry
Game of Thrones

Castle Ward
Game of Thrones

Skellig Michael
Star Wars 7 und 8

Ceann Sibeal
Star Wars 7 und 8

Cliffs of Moher
Harry Potter und der Halbblutprinz

ADRESSEN

Game of Thrones Tours (www.gameofthronestours.com) lädt die Besucher ein, sich als ihre Lieblingsfigur zu verkleiden, bevor sie zu einer Wanderung zu den verschiedenen Drehorten aufbrechen.

- Wanderungen von Belfast, Londonderry, Dublin und Tollymore aus.

ATLANTISCHER
OZEAN
Larrybane Quarry
S. 154
Letterkenny
Ballycastle
Londonderry
BELFAST
Enniskillen
Castle
Ward
Galway
DUBLIN
S. 118
Cliffs of Moher
Limerick
Ceann Sibeal
Kilkenny
S. 108
Killarney
110
kellig
ichael
Cork
IRISCHE SEE
0
40
80 km

IRISCHE SPORTARTEN

Rugby
Das Nationalteam ist für sein Fairplay bekannt.

Gaelic Football
Hier wird auch mit den Händen gespielt!

Golf
Eine echte Institution und tolle Aussichten.

Windhundrennen
Mit anderen Worten: die irischen Pferderennen.

Hurling
DER irische Nationalsport.

WO KANN MAN DAS SEHEN?

Dublin: Shelbourne Greyhound Park, Croke Park, Aviva Stadium

Belfast: Kingspour-Stadium

Kilkenny: Nowlan Park

Mullingar: Cusark Park

Galway: Galway Sportsground

MUSIK

TRADITIONELLE MUSIK

Fiddle (eine Art Geige), Flöte und *bodhràn* (eine Trommel aus Ziegenfell) sind die Instrumente der traditionellen irischen Musik. Diese poetische Musik ist auch heute noch sehr präsent und wird eher gehört als getanzt. An manchen Abenden finden sich Musiker zu Sessions zusammen und beleben so die Pubs. Halten Sie die Ohren offen und achten Sie auf die Schilder mit der Aufschrift »Trad' music session«.

ROCK

In Irland wurde die Rockmusik von tragischen Ereignissen im Land inspiriert: die Große Hungersnot oder der Bloody Sunday, der Pate stand für den weltberühmten Song der irischen Band U2. Andere berühmte Bands sind The Cranberries, The Corrs und The Pogues.

TAP DANCE

Dieser Tanz ist unverkennbar (starre Körper, ruckartige Bewegungen, knallende Füße!) und wird erlernt, indem man anderen beim Tanzen zuschaut. Die Dubliner Tanzgruppe Riverdance bringt Tap Dance, irische Musik und Gesang in die ganze Welt und tritt manchmal im Gaiety Theatre in Dublin auf.

DUBLIN — KILKENNY — CORK — KILLARNEY — LIMERICK — GALWAY — DUBLIN

VON DUBLIN ÜBER CORK UND GALWAY NACH CONNEMARA

TOUR 1

Das Beste aus dem Süden Irlands in sechs Etappen.

1 Dublin

Pubs, Musik und gute Laune
1–2 Tage

2 Kilkenny

Mittelalterliche Stadt
1 Tag

3 Cork

Gastronomische Etappe
1 Tag

4 Killarney

Zu den wilden Küsten
2–3 Tage

5 Limerick

Dynamisch und studentisch
1 Tag

6 Galway

Das Tor nach Connemara
2–3 Tage

fünf Tagesausflüge

• **Von Dublin**: Brú na Bóinne • **Von Cork**: Youghal und Cobh; Kinsale und die Südküste • **Von Killarney**: Skellig Islands • **Von Galway**: Aran Islands

ETAPPE 1 DUBLIN

VOM FLUGHAFEN INS ZENTRUM

Bus: Dublin Bus 16 und 41, 45–50 Min., Kleingeld bereithalten.
Shuttle-Busse: Airlink (747 und 757) oder Aircoach (rund um die Uhr), 30 Min.
Taxi: ca. 25 Min.

RESERVIERUNGEN

Sehr empfehlenswert für das **Trinity College** (Book of Kells), www.tcd.ie/visitors/book-of-kells, und das **Guinness Storehouse**, www.guinness-storehouse.com.
Empfehlenswert für **Restaurantbesuche** am Wochenende.

UNTERWEGS IN DUBLIN

Das Zentrum von Dublin (Baile Átha Cliath) ist klein, Entfernungen sind zu Fuß zu bewältigen.

LeapCard: Fahrkarte für beliebig viele Fahrten. Verschiedene Angebote, einschließlich Flughafenshuttles. www.leapcard.ie

Bus: gelbe und blaue Doppeldeckerbusse. Fahrkarten in Geschäften oder im Bus (Kleingeld bereithalten).

Luas: zwei Straßenbahnlinien. Nützlich, um in den Süden zu gelangen.

DART: die lokale S-Bahn. Eine Linie, die an der Küste entlangfährt.

Auto: wenig Parkplätze und teure Parkhäuser.

NÜTZLICHE ADRESSEN

Die Touristeninformation verkauft den Dublin Pass (Dublin Discovery Ireland Centre, 25, Suffolk St.).
www.visitdublin.com

SEHENSWERTES

• **Wir haben Dublin in vier Stadtteile aufgeteilt.** Einen guten Überblick über die Stadt bekommt man in einem Tag. Hat man zwei Tage, kann man auch die etwas abgelegeneren Orte besuchen. Man braucht 30 Min. zu Fuß von der St. Patrick's Cathedral zur Hugh Lane Gallery.

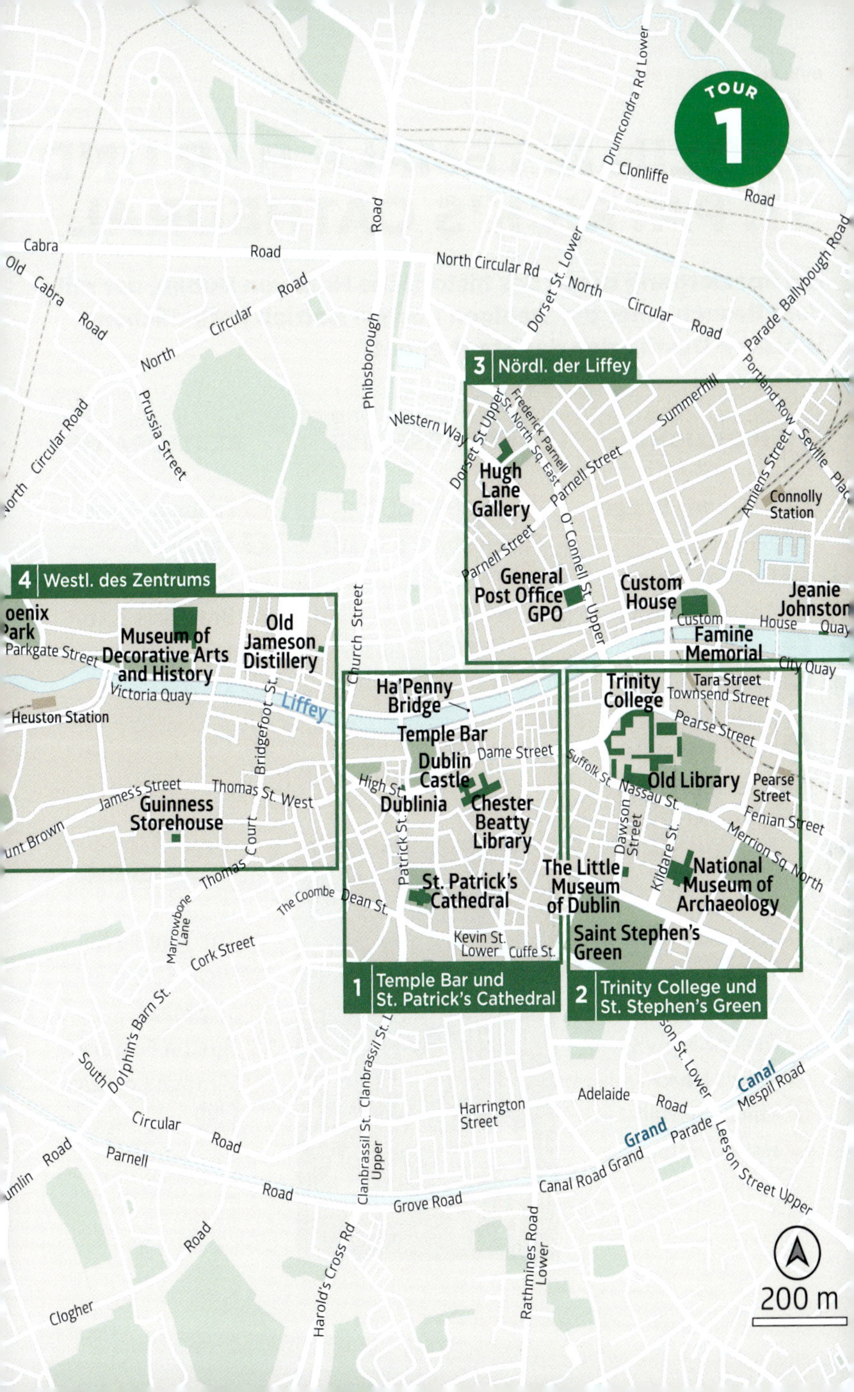

TOUR 1
3 Nördl. der Liffey
Hugh Lane Gallery
General Post Office GPO
Custom House
Connolly Station
Jeanie Johnston
Famine Memorial
4 Westl. des Zentrums
Museum of Decorative Arts and History
Old Jameson Distillery
Heuston Station
Guinness Storehouse
Liffey
Ha'Penny Bridge
Temple Bar
Dublin Castle
Dublinia
Chester Beatty Library
St. Patrick's Cathedral
Trinity College
Old Library
The Little Museum of Dublin
National Museum of Archaeology
Saint Stephen's Green
1 Temple Bar und St. Patrick's Cathedral
2 Trinity College und St. Stephen's Green
Grand Canal
200 m

DUBLIN 1 TEMPLE BAR UND ST. PATRICK'S CATHEDRAL

Ein Spaziergang durch das historische Herz von Dublin, der mit dem Besuch einer der wenigen noch in Betrieb befindlichen Whiskey-Destillerien der Stadt endet.

HIGHLIGHTS

- A Ha'Penny Bridge
- B Temple Bar
- C Dublin Castle
- D Chester Beatty Lib.
- E Dublinia
- F St. Patrick's Cathedral
- G Teeling Distillery
- H Musikunterricht

MITTAGSPAUSE

- 1 Leo Burdock's
- 2 Elephant & Castle
- 3 The Stage Door Cafe
- 4 Queen of Tarts
- 5 Bite of Life

RESTAURANTS

- 6 Fallon & Byrne
- 7 The Shack
- 8 Yamamori Izakaya
- 9 Brasserie Sixty6
- 10 The Boxty House
- 11 Klaw

PUBS

- 12 The Brazen Head
- 13 The Quays
- 14 The Porterhouse
- 15 Darkey Kelly's
- 16 Stag's Head
- 17 The Long Hall
- 18 Hairy Lemon

AUSGEHEN

- 19 The Temple Bar
- 20 Vicar Street
- 21 The Mezz
- 22 Button Factory
- 23 Vintage Cocktail Club

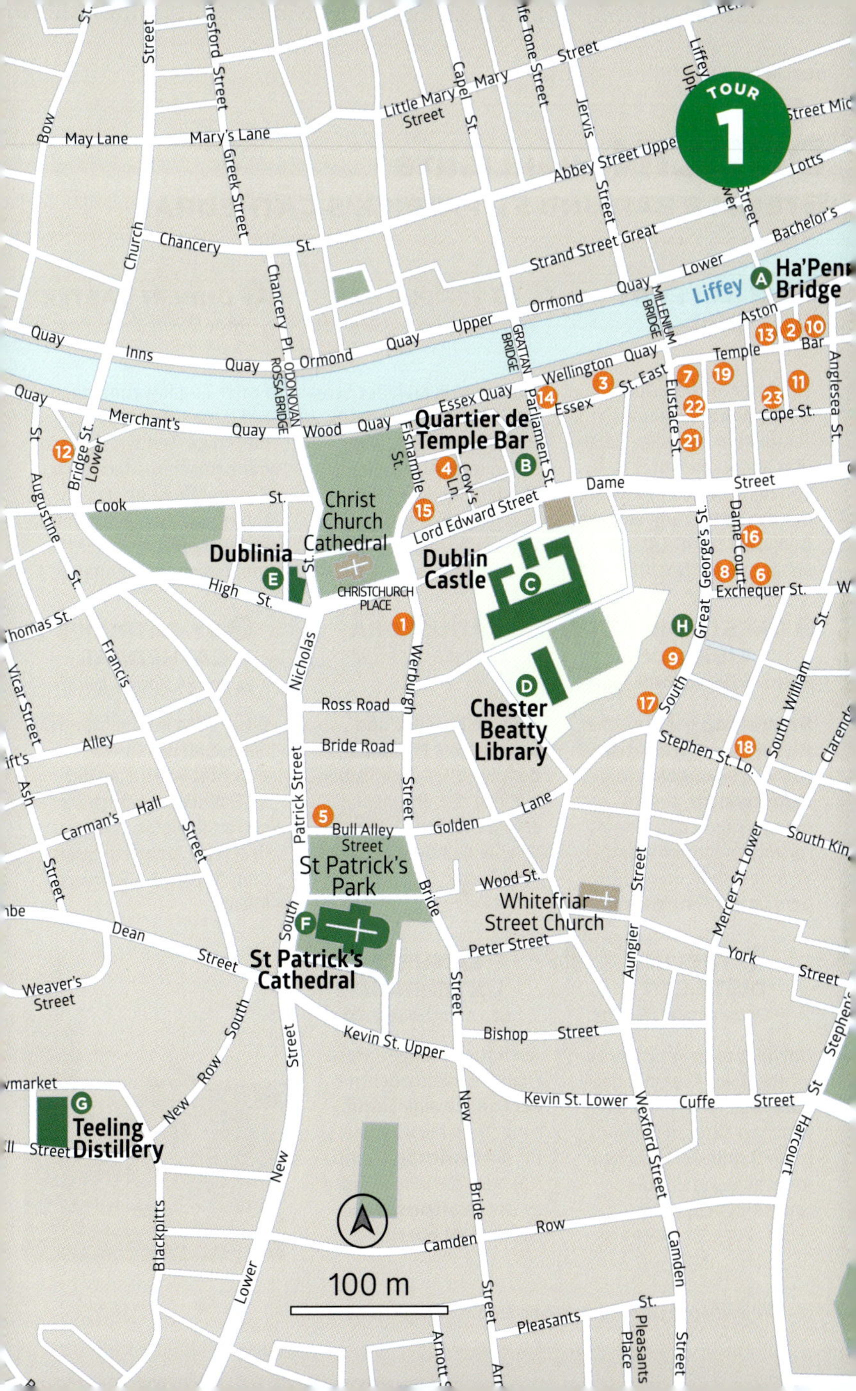

TOUR
1
Ha'Penny Bridge
A
Quartier de Temple Bar
B
Dublin Castle
C
Chester Beatty Library
D
Dublinia
E
St Patrick's Cathedral
F
Teeling Distillery
G
H
Christ Church Cathedral
St Patrick's Park
Whitefriar Street Church
Liffey
Millenium Bridge
Grattan Bridge
Odonovan Rossa Bridge
Christchurch Place
Ormond Quay Upper
Lower Ormond Quay
Inns Quay
Merchant's Quay
Wood Quay
Essex Quay
Wellington Quay
Aston Quay
Temple Bar
Essex St. East
Dame Street
Lord Edward Street
High St.
Thomas St.
Cook St.
Chancery St.
Church Street
Bridge St. Lower
Augustine St.
Francis Street
Nicholas St.
Patrick Street
Werburgh Street
Bride Street
New Bride Street
Ross Road
Bride Road
Bull Alley Street
Golden Lane
Wood St.
Peter Street
Bishop Street
Kevin St. Upper
Kevin St. Lower
Cuffe Street
Aungier Street
Wexford Street
Camden Street
Camden Row
Pleasants St.
Pleasants Place
Dean Street
New Row South
Weaver's Street
Blackpitts
New Street
Carman's Hall
Great George's St. South
Stephen St. Lo.
Mercer St. Lower
York Street
South William St.
Exchequer St.
Dame Court
Eustace St.
Cope St.
Anglesea St.
Parliament St.
Fishamble St.
Cow's Ln.
Strand Street Great
Abbey Street Upper
Jervis Street
Capel St.
Little Mary Street
Mary Street
Mary's Lane
May Lane
Greek Street
Chancery Pl.
Bachelor's
Lotts
Harcourt St
South King
Vicar Street
Ash Street
Alley
100 m
1 2 3 4 5 6 7 8 9 10 11 12 13 14 15 16 17 18 19 21 22 23

DUBLIN HIGHLIGHTS

1 TEMPLE BAR UND ST. PATRICK'S CATHEDRAL

A HA'PENNY BRIDGE

Ein Wahrzeichen Dublins. Die **Brücke** verbindet Temple Bar mit dem Nordufer. Ihr Name leitet sich von dem halben Penny ab, der die Benutzung kostete. Genießen Sie die Atmosphäre in der Nacht!

B TEMPLE BAR

Zwischen Liffey und Dame St.

Pubs, Musik an jeder Straßenecke, Restaurants. Hypertouristisch, aber mit lokaler Atmosphäre. Meiden Sie die größten Massen, um das unverzichtbare Dubliner Nachtleben mehr zu genießen.

C DUBLIN CASTLE

Dame St. | Di–So | Eintritt

Freier Zugang zum Innenhof dieses **Schlosses**, das lange Zeit ein Symbol der britischen Macht war. Kostenpflichtige Besichtigung der Gemächer mit Wandteppichen und Kristalllüstern für Liebhaber.

D CHESTER BEATTY LIBRARY

Innerhalb Dublin Castle | gratis

Sammlung europäischer, islamischer und asiatischer **Kunstgegenstände** und **Kunstwerke**, zusammengetragen von einem reisenden Industriellen. Wunderschön und außerdem ist der Eintritt frei!

E DUBLINIA

3 High St. | Eintritt

Ein spielerisches und interaktives **Museum**, in dem Sie alles über Dublin zur Zeit der Wikinger erfahren können. Verpassen Sie nicht die Aussicht vom Turm.

F ST. PATRICK'S CATHEDRAL

St. Patrick's Close | Eintritt

Die größte Kirche Irlands, die neben der Quelle errichtet wurde, an der St. Patrick angeblich die ersten Christen taufte. Grab von Jonathan Swift, dem Autor von *Gullivers Reisen*.

G TEELING DISTILLERY

13–17 Newmarket | Eintritt

Um alles über Whiskey zu lernen. Eine Tour, bei der Sie in das Herz einer der wenigen aktiven Brennereien Dublins eintauchen. Verschiedene Verkostungsmöglichkeiten.

H MUSIKUNTERRICHT

69 S Great George's St.

Auch für Anfänger! Besuchen Sie allein oder mit der Familie eine Einführung (Irish Music Tasters) für die **bodhrán** (Tamburin) oder die irische Flöte an der **Waltons New School of Music**.

 Die jeweiligen Öffnungszeiten finden Sie im Register ab S. 184.

DUBLIN MITTAGSPAUSE

TOUR 1

1 TEMPLE BAR UND ST. PATRICK'S CATHEDRAL

1 LEO BURDOCK'S

- Fish & Chips mit Kultstatus seit 1913!
- Nur zum Mitnehmen.

2 Werburgh St. | tgl. 11.30–24, Fr, Sa bis 1 Uhr | (Bild)

2 ELEPHANT & CASTLE

- US-Küche mit Chicken-Wings-Spezialitäten.
- Brunch am Wochenende.

18 Temple Bar | Mo–Di 8–23.30, Sa, So 10.30–23.30 Uhr

3 THE STAGE DOOR CAFE

- Nicht versäumen für ein irisches Frühstück.
- Lokale Produkte.

11 Essex St. East | tgl. 8–18 Uhr

4 QUEEN OF TARTS

- Torten und reichhaltige Salate für ein Biofrühstück.
- Desserts zum Niederknien.

Cow's Lane | Mi–Sa 9–17, So 9.30–17 Uhr

5 BITE OF LIFE

- Herzhaftes, Süßes, Hausgemachtes.
- Genießen Sie es vor dem Kamin oder im Park von St. Patrick's.

55 Patrick St. | Mo–Fr 8–17, Sa, So 9–17 Uhr

DUBLIN RESTAURANTS

1 TEMPLE BAR UND ST. PATRICK'S CATHEDRAL

6 FALLON & BYRNE

- Drei Bereiche: Weinbar im Untergeschoss, Café im Feinkostladen im Erdgeschoss, Restaurant im Obergeschoss.

11 Exchequer St. | Restaurant tgl. 12–15, 17.30–21 bzw. 23 Uhr

7 THE SHACK

- Traditionelle irische Gerichte.
- Gemütlicher Rahmen.

24 Essex St. East | tgl. 12–22, Fr, Sa bis 23 Uhr

8 YAMAMORI IZAKAYA

- Japas-Bar.
- Sake-Spezialitäten.

12–13 South Great George's St. | Sa–Mi 16–21.30, Do 16–22, Fr 16–22.30 Uhr

9 BRASSERIE SIXTY6

- Design-Brasserie.
- Internationale Küche mit irischem Touch.

66 South Great George's St. | tgl. 12–22, Fr, Sa bis 23 Uhr | (Bild unten)

10 THE BOXTY HOUSE

»Die perfekte Adresse für rustikale irische Küche. Die *Boxty fries* (Pommes) und das selbst gebraute Bier müssen Sie unbedingt probieren!«

20–21 Temple Bar | tgl. 11–22.30 Uhr

11 KLAW

»Kleines Restaurant mit Fischerhüttenatmosphäre. Mein Lieblingsspot, um Austern zu genießen!«

5A Crown Alley | Mo 12–16, Di–Mi 12–21, Do–Sa 12–22, So 14–21 Uhr

DUBLIN PUBS

1 TEMPLE BAR UND ST. PATRICK'S CATHEDRAL

12 THE BRAZEN HEAD

• Der älteste Pub in Irland (1198).
• Jeden Abend Livemusik.
20 Lower Bridge St. | tgl. 12–22.30 Uhr

13 THE QUAYS

• Traditionelle irische Gerichte.
• Livemusik.
10–12 Temple Bar Sq. | tgl. 10–20 Uhr

14 THE PORTERHOUSE

• Elf hausgemachte Biere.
• Traditionelle Musik Mo–Do von 17–20 Uhr.
16–18 Parliament St. | Mo–Mi 11.30–24, Do 11.30–1, Fr, Sa 11.30–2 Uhr

15 DARKEY KELLY'S

• Gemütliche, typisch irische Atmosphäre.
• Ab und zu traditionelle Musik von 18–19 Uhr.
Fishamble St. Christchurch | tgl. 10.30–1.30 Uhr

16 STAG'S HEAD

• Viktorianisches Ambiente.
• Tagsüber ruhig, abends belebt.
1 Dame Court | tgl. 13–2 Uhr

17 THE LONG HALL

• Seit 1860. Ruhige Atmosphäre.
• Kein Essen.
51 South Great George's St. | tgl. 12–20 Uhr

18 HAIRY LEMON

• Berühmt für seine *pub grub* (Pub-Küche).
• Traditionelle Musik So um 19 Uhr.
41-42 Stephen St. Lower | Mi-Do 11.30–23.30, Fr, Sa 11.30–1.30, So 12–23 Uhr

DUBLIN AUSGEHEN

1 TEMPLE BAR UND ST. PATRICK'S CATHEDRAL

19 THE TEMPLE BAR

- Kultiger, legendärer Pub.
- Große Auswahl an Bieren und Whiskeys.

47–48 Temple Bar | Mo–Mi 10.30–1.30, Do–Sa 10–2.30, So 11.30–1 Uhr | (Bild)

20 VICAR STREET

- Veranstaltungs-/Konzertsaal mit einem sehr umfassenden Programm.

58–59 Thomas St. | www.vicarstreet.ie | Mo–Do 19–24, Fr, Sa 19–1, So 19–1.30 Uhr

21 THE MEZZ

- Soul-, Indie- und Alternative-Rock-Musiker jeden Abend.
- DER Ort für Rock 'n' Roll-Atmosphäre.

23–24 Eustace St. | tgl. 12–spät in der Nacht

22 BUTTON FACTORY

- Konzertsaal/Nachtclub. Elektro, RnB und Rock.
- Happy hour tgl. 15–19 Uhr in der benachbarten Crow Bar.

Curved St. | kein Zutritt für Minderjährige

23 VINTAGE COCKTAIL CLUB

- Ein wenig versteckt. Achten Sie auf das Kürzel »VCC«.
- Atmosphäre wie in den 1920er-Jahren.

15 Crown Alley | Mo–Mi 17–24, Do, Fr 15–24, Sa, So 12.30–24 Uhr | Zutritt ab 23 Jahre

TOUR 1

UNION ONLY IN TRUTH
Teac na Céibe
LIVE MUSIC
www.louisfitzgerald.com

DUBLIN 2 TRINITY COLLEGE UND ST. STEPHEN'S GREEN

Reges Treiben vor dem Book of Kells im Herzen der Universität oder ruhigere Atmosphäre hinter den georgianischen Fassaden des Merrion Square? Entdecken Sie diese kontrastreiche Gegend!

SEHENSWERTES

- A Trinity College, Old Library und Book of Kells
- B National Museum of Ireland – Archaeology
- C The Little Museum of Dublin
- D St. Stephen's Green
- E Merrion Square

MITTAGSPAUSE

- 1 Avoca
- 2 Against the Grain
- 3 The Pepper Pot
- 4 Sprout and co

RESTAURANTS

- 5 Saba
- 6 Vintage Kitchen
- 7 Pearl Brasserie
- 8 Brookwood
- 9 The Bank on College Green
- 10 Etto

AUSGEHEN

- 11 McGrattans
- 12 Bar Rua
- 13 Whelan's
- 14 Kehoe's

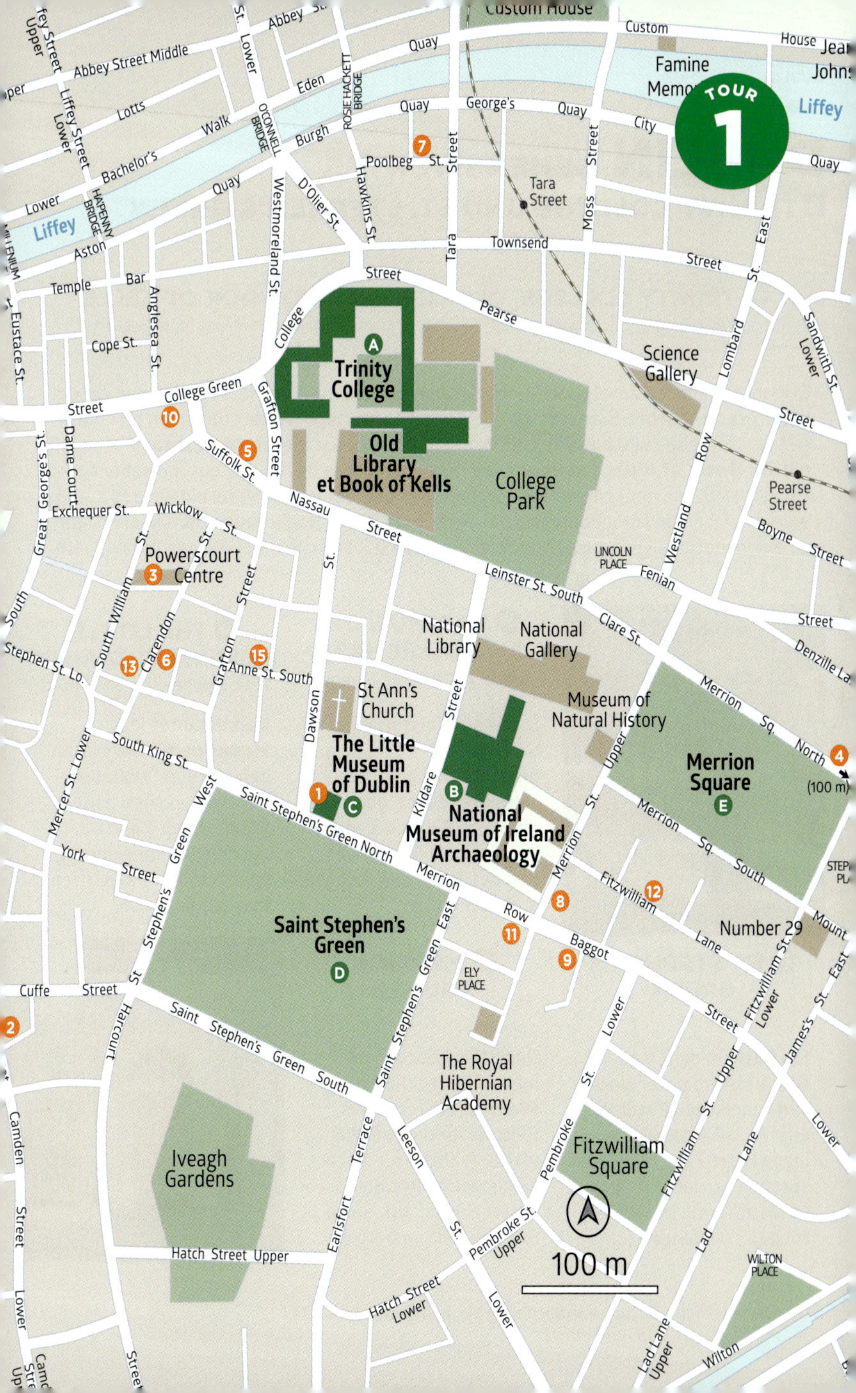

TOUR 1
Custom House
Custom
House
Quay
Famine
Liffey
Abbey Street Middle
Abbey
Eden
Quay
Lotts
Liffey Street Lower
Bachelor's
Walk
O'CONNELL BRIDGE
ROSIE HACKETT BRIDGE
Burgh
Quay
George's
Quay
City
Quay
Poolbeg
St.
Street
Tara Street
Moss
Street
Hawkins St.
D'Olier St.
Westmoreland St.
Lower
Liffey
Quay
HA'PENNY BRIDGE
Aston
Temple
Bar
Townsend
Street
Tara
Pearse
Street
East
Lombard
St.
Sandwith St. Lower
Street
Anglesea St.
Cope St.
Eustace St.
College
College Green
Street
Grafton Street
Trinity College
Old Library et Book of Kells
College Park
Science Gallery
Westland
Row
Pearse Street
Boyne
Street
Great George's St.
Dame Court
Exchequer St.
Wicklow
St.
Suffolk St.
Nassau
Street
St.
LINCOLN PLACE
Fenian
Street
Powerscourt Centre
South William
St.
Street
Leinster St. South
Clare St.
National Library
National Gallery
Denzille La.
South
Stephen St. Lo.
Clarendon
Grafton
Anne St. South
Dawson
St Ann's Church
Street
Museum of Natural History
Merrion
Sq.
North
(100 m)
Upper
The Little Museum of Dublin
Kildare
National Museum of Ireland Archaeology
Merrion Square
Mercer St. Lower
South King St.
West
Saint Stephen's Green North
Merrion
St.
Merrion
Sq.
South
York
Street
Green
Merrion
Row
Fitzwilliam
Lane
Baggot
Street
Number 29
Mount
Fitzwilliam St. Lower
East
Stephen's
Saint Stephen's Green
St
Cuffe
Street
East
Green
ELY PLACE
Saint Stephen's
Harcourt
Saint
Stephen's
Green
South
Lower
St.
Upper
James's
St.
Lower
The Royal Hibernian Academy
Camden
Street
Lower
Terrace
Earlsfort
Leeson
St.
Lower
Pembroke
Fitzwilliam
St.
Lane
Iveagh Gardens
Fitzwilliam Square
Pembroke St. Upper
Hatch Street Upper
Hatch Street Lower
100 m
Lad
WILTON PLACE
Lad Lane Upper
Wilton

DUBLIN SEHENSWERTES

2 TRINITY COLLEGE UND ST. STEPHEN'S GREEN

A TRINITY COLLEGE, OLD LIBRARY UND BOOK OF KELLS

Freier Zugang zu den Innenhöfen | Eintritt für Old Library (Reservierung empfohlen)

Britische Campus-Atmosphäre in dieser **Universität** aus dem 16. Jh., die lange ein Ort der protestantischen Elite war. Samuel Beckett und Oscar Wilde studierten hier. Ruhiger Spaziergang zwischen den Höfen und Wiesen, bevor Sie die **Old Library** betreten, die das **Book of Kells** beherbergt, ein Manuskript aus dem 8. Jh., das mit seinem Farbenreichtum, der Feinheit der Zeichnungen und der Buchmalerei ein wahres Kunstwerk ist. Oben im Long Room, wo Sie auch Brian Borus Harfe bewundern können, die zu einem nationalen Symbol Irlands geworden ist, herrscht Harry-Potter-Atmosphäre.

B NAT. MUS. OF IRELAND-ARCHAEOLOGY

Kildare St. | Eintritt

Das schöne viktorianische Gebäude beherbergt eine bedeutende Sammlung keltischer Kunst, darunter die **Tara-Brosche**, eines der Symbole des Landes, und den Kelch von Ardagh aus dem 12. Jh.

C THE LITTLE MUSEUM OF DUBLIN

15 St. Stephen's Green | Eintritt

Interessantes kleines **Museum** mit Gegenständen, die von Dublinern gestiftet wurden. Ein Raum ist der Band U2 gewidmet. Eine Führung ist im Eintritt inbegriffen (nur auf Englisch).

D ST. STEPHEN'S GREEN

Ein **Park**, in dem man flanieren und unter einem viktorianischen Pavillon eine Picknickpause einlegen kann. Es ist schwer vorstellbar, dass hier im 18. Jh. öffentliche Hinrichtungen stattfanden.

E MERRION SQUARE

Backsteinfassaden und bunte Türen – dieser **Platz** ist ein typisches Beispiel für die georgianische Architektur. Oscar Wilde wuchs in einem dieser Häuser auf: Seine Statue steht im Garten!

DUBLIN MITTAGSPAUSE

TOUR 1

2 TRINITY COLLEGE UND ST. STEPHEN'S GREEN

1 AVOCA

»Toller Laden mit Kleidung, Geschenken und etwas für Gourmets. Ich bin hier gern zum Brunch.«
11–13 Suffolk St. | Mo–Sa 9–18, So 10–18 Uhr

2 AGAINST THE GRAIN

- Fleisch und Fisch lokaler Herkunft.
- Sehr große Auswahl an handwerklich gebrauten Bieren.

11 Wexford St. | Mo–Do 15–23.30, Fr–So 13–23.30 Uhr

3 THE PEPPER POT

»Ein entzückendes Café im wunderschönen Powerscourt Centre. Super für ein Mittagessen oder einen Snack!«
59 William St. South | Di–Sa 10–16 Uhr | (Bild)

4 SPROUT AND CO

»Bar mit Salaten und frischen Säften. Vor Ort und zum Mitnehmen. Praktisch für ein schnelles *healthy lunch*!«
19 Exchequer St. | Mo–Fr 8–20, Sa 11.30–18 Uhr

DUBLIN RESTAURANTS

2 TRINITY COLLEGE UND ST. STEPHEN'S GREEN

5 SABA

• DER Ort, um in Dublin thailändisch zu essen.
• Wurde für seine Cocktails mit mehreren Preisen ausgezeichnet.
26–28 Clarendon St. | tgl. 12–23, So–Di bis 22 Uhr

6 VINTAGE KITCHEN

• Kleines Restaurant, das wegen seiner Küche und der Atmosphäre sehr beliebt ist. Reservierung unbedingt erforderlich.
7 Poolbeg St. | Mo–Do 18–22, Fr, Sa 12–22.30 Uhr | ✆ 01 679 87 05

7 PEARL BRASSERIE

• Unter den Top 5 der Gourmet-Restaurants in Irland.
• Köstliche Gerichte mit Meeresfrüchten in einer eleganten Umgebung.
20 Merrion St. Upper | Mo–Sa 12–14.30, 18–22 Uhr

8 BROOKWOOD

• Spezialitäten aus irischem Rindfleisch.
• Mondäner Rahmen.
141 Baggot St. Lower | Mi–Do 12–14.30, 17.30–spät in der Nacht, Fr 12–spät in der Nacht, Sa 17–spät in der Nacht, So 14–21 Uhr

9 THE BANK ON COLLEGE GREEN

• Wunderschönes viktorianisches Ambiente in einer ehemaligen Bank.
• Schicke Pub-Küche.
20–22 College Green | tgl. 11–22 Uhr | (Bild unten)

10 ETTO

»Bistronomische Küche und gute Weinauswahl. Ich liebe das irische Rindersteak!«
18 Merrion Row | Mo–Mi 12–21.30, Do, Fr 12–22, Sa 12.30–22 Uhr

2 TRINITY COLLEGE UND ST. STEPHEN'S GREEN

11 MCGRATTANS

- Billardtische.
- Kleine Speisekarte mit typischen Gerichten.

76 Fitzwilliam Lane | tgl. 10.30–23.30 Uhr

12 BAR RUA

- Berühmt: *pie of the day* (Pastete) und *lamb stew* (Lammfleischeintopf).
- Handwerklich gebraute Biere und Cidre.

32 Clarendon St. | Mi, Do 16–23.30, Fr, Sa 12–0.30, So 12.30–23 Uhr

13 WHELAN'S

- Vorne typischer Pub, Konzertsaal in einem zweiten Raum (verschiedene Musikrichtungen).
- Gute Atmosphäre.

25 Wexford St. | tgl. 17–3, 2 Uhr So | Eintritt Konzerte | nicht für Minderjährige | (Bild)

14 KEHOE'S

»Typischer, gemütlicher Pub, der für seine guten *pints* Guinness bekannt ist. Keine Speisen.«

9 South Anne St. | tgl. 11–23.30 Uhr

DUBLIN

3 NÖRDL. DER LIFFEY

Dieses Viertel erinnert an die jüngere Geschichte Irlands mit der Großen Hungersnot und dem Unabhängigkeitskrieg. Schlendern Sie durch die Einkaufsstraße O'Connell Street oder vorbei an den Werken moderner Kunst in der Hugh Lane Gallery.

SEHENSWERTES

- A Jeanie Johnston
- B Famine Memorial
- C Custom House
- D O'Connell Street
- E General Post Office (GPO)
- F Hugh Lane Gallery

MITTAGSPAUSE

- 1 Beshoff
- 2 The Oval
- 3 Brother Hubbard
- 4 101 Talbot

RESTAURANTS

- 5 The Winding Stair
- 6 The Woollen Mills
- 7 Chapter One
- 8 Mr Fox
- 9 MV Cill Airne

AUSGEHEN

- 10 Madigan's
- 11 The Celt
- 12 The Church
- 13 The Black Sheep

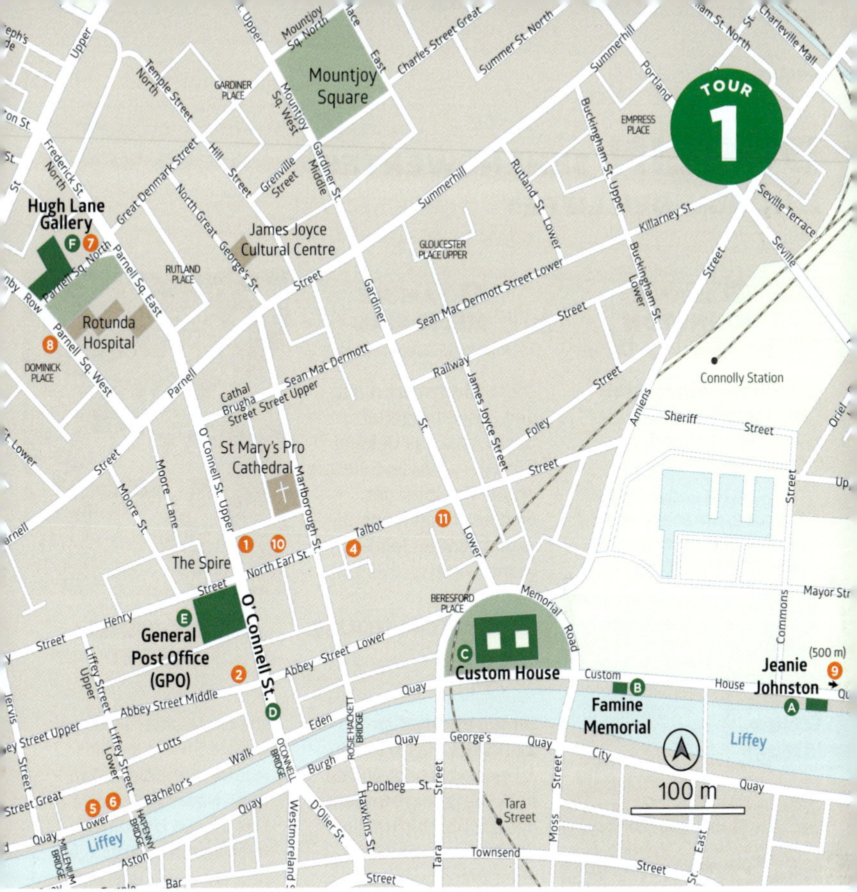

MEINE LIEBLINGSADRESSEN IN DUBLIN

DUBLIN SEHENSWERTES

3 NÖRDL. DER LIFFEY

A JEANIE JOHNSTON

Custom House Quay | Eintritt

Nachbau eines Dreimasters, der Tausende von Iren, die vor dem Elend flohen, nach Amerika brachte. Spannende Führung, um mehr über die Bedingungen für die Auswanderer zu erfahren.

B FAMINE MEMORIAL

Richtung Custom House

Diese **Skulpturen** mit den ausgemergelten Gesichtern des Dubliner Künstlers Rowan Gillespie ehren die Opfer der Großen Hungersnot, die in den 1850er-Jahren in Irland wütete.

C CUSTOM HOUSE

Custom House Quay | gratis

Dieses **ehemalige Zollhaus**, das 1791 von J. Gandon erbaut wurde, beherbergt ein Museum, das die Geschichte dieses Gebäudes erzählt, wo einst Waren wie etwa Tabak entladen wurden.

D O'CONNELL STREET

Die Einkaufsstraße ist die größte Straße Dublins. Auf ihr steht die 120 m hohe Nadel »The Spire«. Das Viertel ist immer noch von der Vergangenheit mit dem Osteraufstand 1916 geprägt.

E GENERAL POST OFFICE (GPO)

O'Connell St. | gratis

Von diesem neoklassizistischen Gebäude aus dem Jahr 1818 sind nur noch der Portikus und die Fassade erhalten. Ausgestellt ist eine Bronzestatue des mythologischen irischen Helden Cu Chulainn.

F HUGH LANE GALLERY

Parnell Sq. North | gratis

Der Kunsthändler Sir Hugh Lane hinterließ dem **Museum** eine Sammlung von über 2000 Kunstwerken irischer und internationaler Künstler, darunter Degas, Manet und Monet.

 Die jeweiligen Öffnungszeiten finden Sie im Register ab S. 184.

TOUR 1

DUBLIN MITTAGSPAUSE

3 NÖRDL. DER LIFFEY

1 BESHOFF

- Fish & Chips seit 1913, Fisch aus lokalem Fang.
- Freundliche, helle Räume.

6 Upper O'Connell St. | Mo–Mi 9–21, Do–Sa 9–22, So 11–21 Uhr | (Bild)

2 THE OVAL

- Berühmt für sein *Irish stew* (Lammragout).
- Übertragung von Sportereignissen.

78 Middle Abbey St. | Mi–Do 10.30–23.30, Fr, Sa bis 0.30, So 12.30–23 Uhr

3 BROTHER HUBBARD

»Café-Restaurant und Lebensmittelgeschäft. Vom Nahen Osten inspirierte Küche.«

153 Capel St. | Di–Sa 12–14, 17–21.30 Uhr

4 101 TALBOT

- Moderne Einrichtung, Küche mit mediterranen Einflüssen.

100–102 Talbot St. | Di–Sa 17–23 Uhr

DUBLIN RESTAURANTS

3 NÖRDL. DER LIFFEY

5 THE WINDING STAIR

- Ehemaliger Buchladen im Erdgeschoss, Restaurant mit Blick auf die Ha'Penny Bridge im Obergeschoss.
- Typische Gerichte.

40 Lower Ormond Quay | Mi–So 12–2 Uhr

6 THE WOOLLEN MILLS

- Überdachte Terrasse im Obergeschoss.
- Moderne Küche.

41–42 Lower Ormond Quay | tgl. 12–20 Uhr

7 CHAPTER ONE

- Gute gastronomische Adresse.
- Interessantes Pre-Theatre-Menü.

18 Parnell Sq. North | Di, Mi 18.30–21.30, Do–Sa 12.30–14, 18.30–21.30 Uhr

8 MR FOX

»Zeitgenössische Küche von hoher Qualität. Ein nettes Lokal abseits der ausgetretenen Pfade, das ich oft besuche!«

38 Parnell Sq. West | Di–Sa 17–23 Uhr

9 MV CILL AIRNE

- Hausboot auf der Liffey.
- Essen im Restaurant Quay 16 oder in der Boat Bar & Bistro.

North Wall Quay | Resto Mi–Sa 17.30–spät in der Nacht. Bar Mo–Fr 12–spät in der Nacht, Sa, So 15–spät in der Nacht

DUBLIN AUSGEHEN

3 NÖRDL. DER LIFFEY

10 MADIGAN'S

- Traditioneller Pub mit guter Stimmung.
- Bekannt gute *pub grub* (Pub-Küche) und Livemusik am Wochenende.

25 North Earl St. | So–Do 12–20, Fr, Sa 10.30–20 Uhr

11 THE CELT

- Typischer Pub mit Konzerten traditioneller Musik tgl. um 21 Uhr.
- *Guinness stew* (das Fleisch schmort in Bier) und andere typische Gerichte.

81 Talbot St. | tgl. 11.30–20 Uhr

12 THE CHURCH

- Eine Kirche, die in ein Pub-Restaurant umgewandelt wurde!
- Irische Musik und Tanz So–Mi 19–21 Uhr.

Kreuzung Mary St./Jervis St. | tgl. 10.30–23, Fr, Sa bis 2.30 Uhr | (Bild)

13 THE BLACK SHEEP

»Moderne Bar mit handwerklich gebrauten Bieren und Pub-Food. Mein Lieblingsspot für ein Pint lokalen Bieres.«

61 Capel St. | tgl. 12–23.30 Uhr

DUBLIN

4 WESTL. DES ZENTRUMS

SEHENSWERTES

- **A** Kilmainham Gaol
- **B** Museum of Decorative Arts and History (MDAH)
- **C** Phoenix Park
- **D** Old Jameson Dist.
- **E** Guinness Storehouse

TOUR 1

Ein bewegender Besuch im Kilmainham-Gefängnis, dann Luft holen im Phoenix Park oder – in Maßen – an einer Whiskey- oder Bierverkostungstour teilnehmen!

MITTAGESSEN	RESTAURANTS	AUSGEHEN
1 Ryan's	5 The Legal Eagle	9 Arthur's Pub
2 Urbanity	6 The Bull & Castle	10 J.K. Stoutmans
3 PHX Bistro	7 Nancy Hands	11 The Cobblestone
4 Fish Shop	8 Sparks Bistro	

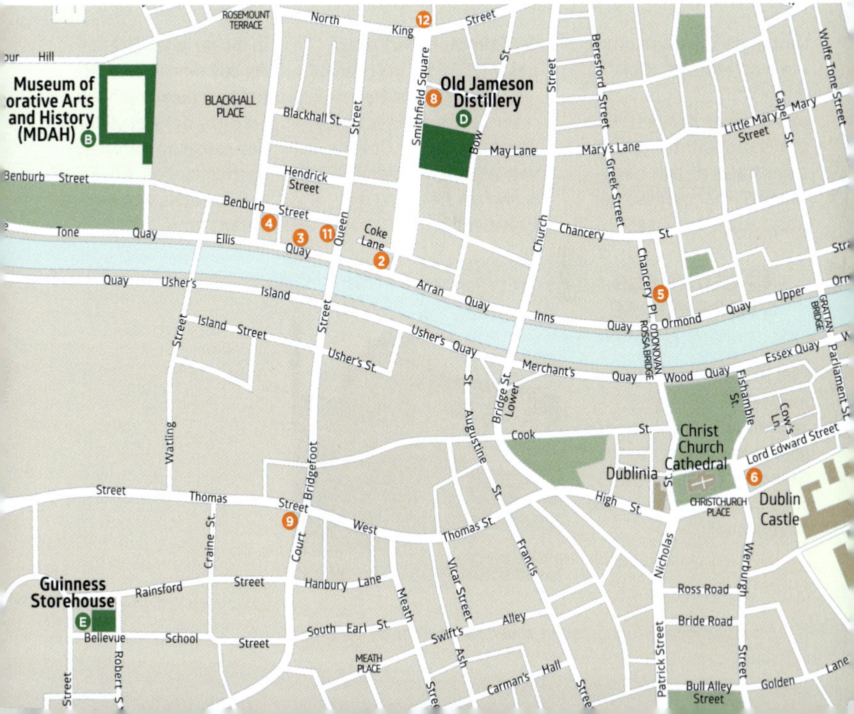

DUBLIN SEHENSWERTES

4 WESTL. DES ZENTRUMS

A KILMAINHAM GAOL

Inchicore Road | Eintritt

Es wurde 1924 geschlossen und war das größte Gefängnis, das jemals in Irland gebaut wurde. Die Anführer des Osteraufstands von 1916 und ein Kind, das nur 6 Jahre alt war, saßen hier ein!

B MUS. OF D. ARTS AND HISTORY

Collins Barracks, Benburb St.

Umfangreiche Sammlung u. a. von Möbeln, Kleidung, Alltagsgegenständen in einer Zweigstelle des Nationalmuseums in einer Kaserne aus dem Jahr 1701. Zeugnisse der Geschichte der Insel.

C PHOENIX PARK

Conyngham Road

Größter Stadtpark Europas mit 707 ha, von denen 6 ha für Damhirsche reserviert sind. Hier befinden sich u. a. der Obelisk von Wellington, der Zoo sowie die Residenz des Präsidenten.

D OLD JAMESON DISTILLERY

Bow Street | Eintritt

In dieser alten Brennerei aus dem Jahr 1780 werden die verschiedenen Schritte der Herstellung des Jameson-Whiskeys nachvollzogen. Am Ende des Besuchs gibt es eine Verkostung.

E GUINNESS STOREHOUSE

St. James's Gate | Eintritt

Das Museum, ein ehemaliges Hopfenlager, zeichnet die Werbung für diese irische Biermarke Guinness nach. An der Bar wird Ihnen sogar ein Pint angeboten!

 Die jeweiligen Öffnungszeiten finden Sie im Register ab S. 184.

DUBLIN MITTAGESSEN

4 WESTL. DES ZENTRUMS

1 RYAN'S

- Wunderschönes viktorianisches Ambiente.
- Spezialisiert auf Fleisch.

28 Parkgate St. | Mi–Do 12–23.30, Fr, Sa bis 0.30, So 12.30–23 Uhr

2 URBANITY

- Perfekt zum Mittagessen oder Brunchen.
- Kleine Preise.

11 Coke Lane Smithfield | Mo–Fr 8–16, Sa, So 9–17 Uhr

3 PHX BISTRO

- Internationale Küche.
- Eleganter Rahmen.

12 Ellis Quay Smithfield | So–Do 12–21, Fr, Sa 12–21.30 Uhr

4 FISH SHOP

»Fischspezialitäten, minimalistische Einrichtung. Die besten Fish & Chips der Stadt!«

76 Benburb St. | Mi–Mo 13–21 Uhr | (Bild unten)

DUBLIN RESTAURANTS

4 WESTL. DES ZENTRUMS

5 THE LEGAL EAGLE

- Trendiger, schicker Gastropub.
- Irische Gerichte neu erfunden.

1–2 Chancery Pl. | Mo–Fr 9.30–23.30, Sa 11–0.30, So 2–23 Uhr | (Bild rechts)

6 THE BULL & CASTLE

- Steakhouse, spezialisiert auf irisches Rindfleisch.

5–7 Lord Edward St. Christchurch | Mo–Sa 12–22, Mi, Do bis 22.30, Fr, Sa bis 3, So 12.30–2 Uhr

7 NANCY HANDS

- Prächtige viktorianische Einrichtung.
- Traditionelle Gerichte.

30–32 Parkgate St. | So–Do 12–22.30, Fr, Sa 12–0.30 Uhr | (Bild unten)

8 SPARKS BISTRO

- Mischung aus traditioneller irischer und italienischer Küche.
- Große Auswahl an Weinen.

Smithfield Sq. | Mo–Sa 9–22 Uhr

DUBLIN AUSGEHEN

4 WESTL. DES ZENTRUMS

9 ARTHUR'S PUB

- Live-Jazz und -Blues an manchen Abenden.
- Traditionelle Gerichte.

28 Thomas St. | Mo, Di 11–23.30, Fr, Sa bis 0.30, So bis 23 Uhr

10 J.K. STOUTMANS

- Großer Raum, typische und gemütliche Umgebung.
- Livemusik.

131 James's St. | Do–So 14–23.30 Uhr

11 THE COBBLESTONE

- Authentisch, wird von Einheimischen besucht.
- Traditionelle Musik Mo–Di und Sa.

77 King St. North | Mo–Fr 16–23.30, Fr bis 0.30, Sa, So 13.30–0.30, So bis 23 Uhr | (Bild)

TAGESAUSFLUG VON DUBLIN

BRÚ NA BÓINNE

DIE MEGALITHANLAGE IST UNESCO-WELTERBE

- **In Donore, 55 km nördl. von Dublin über die M1 (Richtung Drogheda, dann nach Donore)**
- **Bus nach Brú na Bóinne, nicht nach Monasterboice**

DIE STÄTTE BRÚ NA BÓINNE

Früh erscheinen, begrenzte Anzahl an Tickets | Eintritt

Tgl. geöffnet, unterschiedliche Öffnungszeiten je nach Jahreszeit.
www.worldheritageireland.ie/bru-na-boinne oder www.newgrange.com
Drei Anlagen: Newgrange, Knowth und Howth (die nicht besichtigt werden kann).
Parkplatz am Besucherzentrum, von wo aus die Führungen starten (letzter Shuttle 1.45 Std. vor Schließung).

NEWGRANGE

Das bekannteste Monument. Beeindruckendes Passage Tomb, das von Steinen mit mysteriösen Gravuren umgeben ist (über 5000 Jahre alt). Zugang zum Kern des Gebäudes über einen langen Gang aus aufgerichteten Steinen. Durch denselben Weg dringt das Licht der aufgehenden Sonne ein, das die Grabkammer zur Wintersonnenwende beleuchtet.

MONASTERBOICE

17 km nördl. | gratis

Der Friedhof verfügt über eine faszinierende Reihe von Keltenkreuzen, die zu den schönsten in Irland gehören, darunter das Muiredach-Kreuz (6 m hoch, biblische Szenen und geometrische Muster).

MONASTERBOICE INN

Monasterboice | Okt.–Mai geschl.

- Typisches Gasthaus.
- Lokale Produkte.

Drogheda Rd. | Fr, Sa 8–22, So–Do 8–21 Uhr

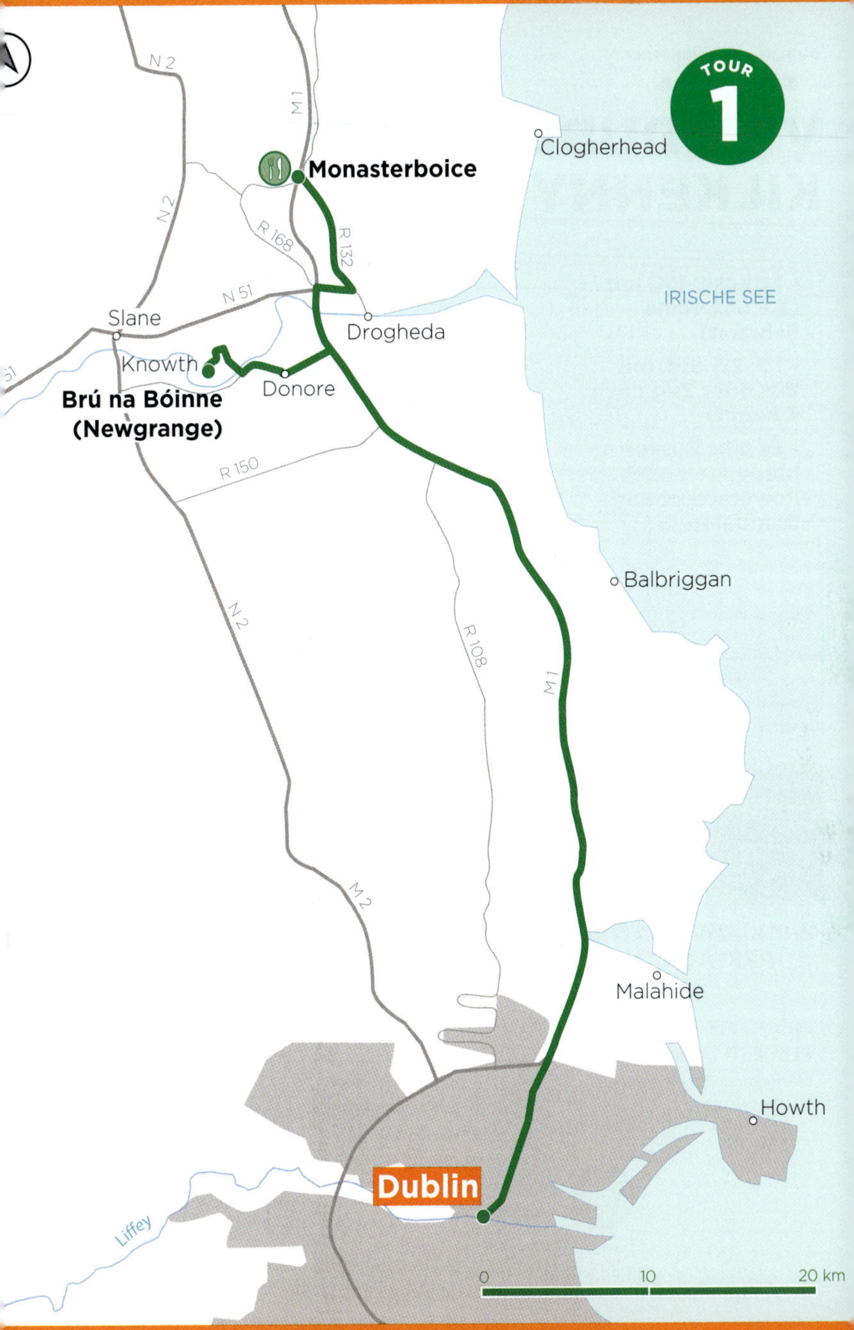

TOUR
1
Monasterboice
Clogherhead
M1
N 2
R 168
R 132
N 51
Slane
Drogheda
IRISCHE SEE
Knowth
Donore
Brú na Bóinne
(Newgrange)
R 150
Balbriggan
R 108
M 2
Malahide
Howth
Dublin
Liffey
0
10
20 km

VON DUBLIN NACH KILKENNY

- **Strecke: 190 km (3.5 Std. reine Fahrzeit)**
- **1.5–2.5 Std. mit Bus oder Zug nach Kilkenny**
- **Es gibt Busverbindungen nach Powerscourt und Glendalough**

POWERSCOURT ESTATE

Enniskerry | Eintritt

Sehenswert wegen der Gärten, die zu den schönsten der Welt zählen. Verschiedene Spazierwege inmitten eines historischen Anwesens.

OLD MILITARY ROAD

Route 115

Die Straße führt durch den Nationalpark Wicklow Mountains und bietet atemberaubende Aussichtspunkte. Obligatorischer Fotostopp am Sally Gap für ein spektakuläres Panorama.

WICKLOW MOUNTAINS

visitwicklow.ie

Seen, Wanderwege, Heidekraut, Hügel und schmale Straßen. Die Wicklow Mountains sind ein irisches Konzentrat! Wandern Sie in Ihrem eigenen Tempo.

WICKLOW HEATHER RESTAURANT

Laragh

- Irische Einrichtung.
- Lokale Produkte.

Glendalough Rd. | Fr, Sa 8–22, So–Do 8–21 Uhr

GLENDALOUGH

gratis

Ruinen einer bedeutenden Klosteranlage (10.–13. Jh.), Rückzugsort des hl. Kevin. Friedhof mit Keltenkreuzen. Atemberaubende Ruhe und Wanderungen zum Lower Lake und Upper Lake.

 Die jeweiligen Öffnungszeiten finden Sie im Register ab S. 184.

TOUR
1
Dublin
Liffey
Kinnegad
Miltown
Hollywood
Glencree
Enniskerry
Bray
Old Military Road
Powerscourt Estate
Sally Gap
Wicklow Mountains
Glendalough
Laragh
Wicklow
Ballylinan
Carlow
Courtown
Ballon
lkenny
R 154
R 125
R 125
R 125
R 158
M 3
M 2
M 4
R 408
R 403
R 409
R 407
E20
E20
R 115
N 81
R 410
R 411
R 759
R 115
R 756
R 756
M 9
N 81
R 747
N 80
R 763
R 755
R 752
EO1
R 752
R 727
R 727
M 11
R 747
R 747
R 747
N 78
M 9
R 725
N 80
M 11
0
10
20 km

ETAPPE 2 KILKENNY

Mittelalterliche Kleinstadt im Herzen Irlands. Touristisch erschlossen, hat sie sich ihren Charme bewahrt (kleine Gassen, alte Häuser) und eine gewisse Dynamik entwickelt (zahlreiche Pubs, Musikfestivals).

- **Gälischer Name: Cill Chainnigh**
- **Im Zentrum gibt es kostenpflichtige Parkplätze**
- **Es macht Spaß, durch die kleinen Straßen (*slips*) zu schlendern**

HIGHLIGHTS

- A Kilkenny Castle
- B Kilkenny Design C.
- C Rothe House & Gardens
- D St. Canice's Cathedral
- E Medieval Museum
- F Smithwick's Experience
- G Hurling

ADRESSEN

1. Kyteler's Inn
2. Left Bank
3. John Cleere's Bar & Theatre
4. Matt the Millers
5. Anocht Restaurant
6. Petronella
7. Brewery Corner

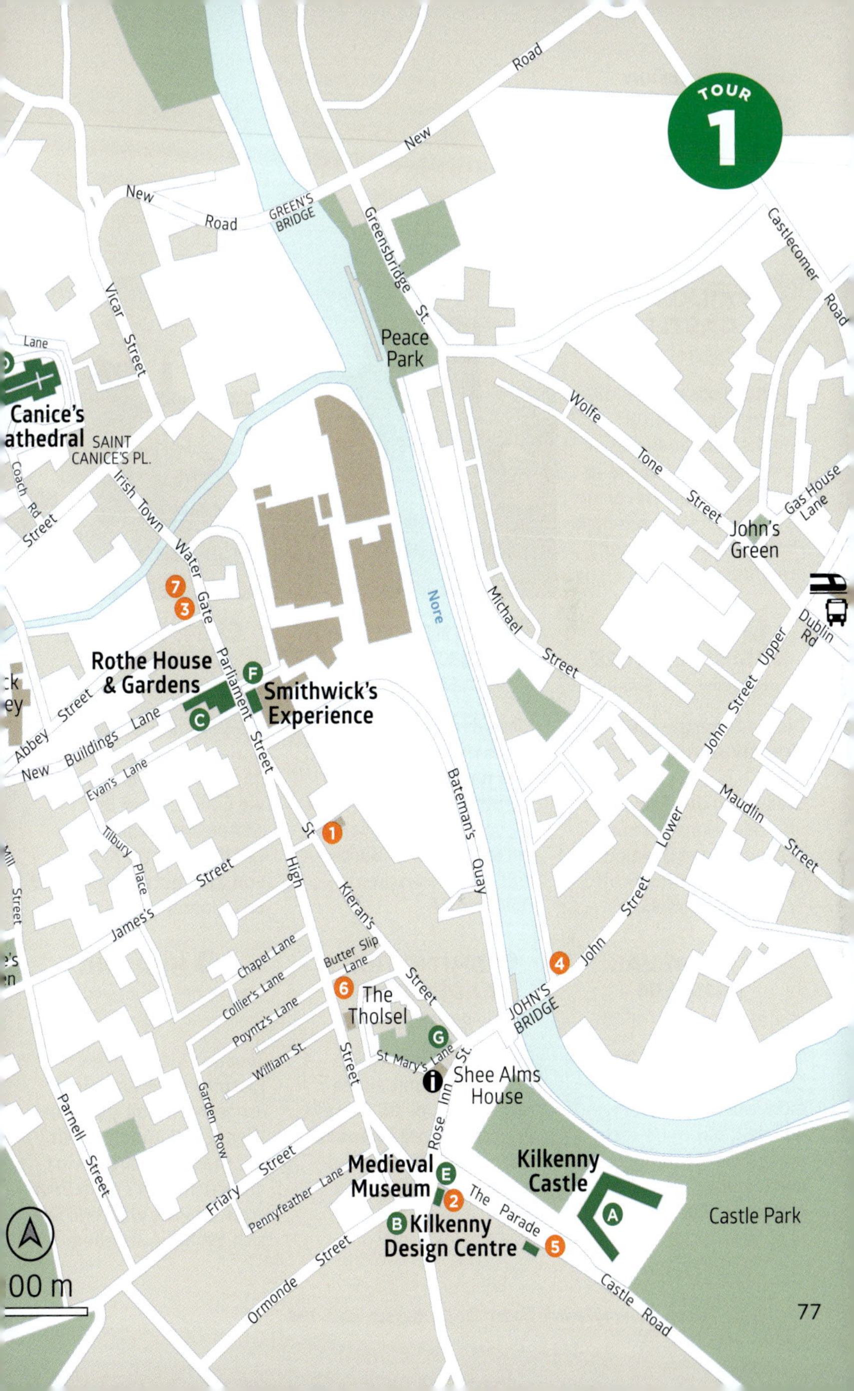
TOUR
1
New Road
Road
GREEN'S BRIDGE
Greensbridge St.
Peace Park
Castlecomer Road
Vicar Street
Lane
Canice's
athedral
SAINT CANICE'S PL.
Coach Rd
Street
Irish Town
Water Gate
Parliament Street
Wolfe Tone Street
Gas House Lane
John's Green
Dublin Rd
Nore
Michael Street
Rothe House & Gardens
Smithwick's Experience
Abbey Street
New Buildings Lane
Evan's Lane
Tilbury Place
St Kieran's Street
High Street
James's Street
Bateman's Quay
John Street Upper
Maudlin Street
John Street Lower
Mill Street
Chapel Lane
Butter Slip Lane
Collier's Lane
Poyntz's Lane
William St.
The Tholsel
St Mary's Lane
JOHN'S BRIDGE
Shee Alms House
Rose Inn St.
Garden Row
Parnell Street
Friary Street
Pennyfeather Lane
Medieval Museum
Kilkenny Castle
The Parade
Castle Park
Kilkenny Design Centre
Ormonde Street
Castle Road
00 m

KILKENNY

HIGHLIGHTS

A KILKENNY CASTLE

The Parade | Eintritt

Das **Schloss** wurde 1172 erbaut und im 14. Jh. von der Familie Butler in Besitz genommen, die es bis 1967 behielt, bevor sie es für einen symbolischen Preis von 50 Pfund der stadt überließ.

B KILKENNY DESIGN CENTRE

Gegenüber dem Schloss

Dieses **Design- und Kreativzentrum** befindet sich in den ehemaligen Stallungen des Schlosses und zeigt Kunsthandwerk in Ateliers und Boutiquen: Wolle, Tischkultur, Stoffe, Schmuck und mehr.

C ROTHE HOUSE & GARDENS

Parliament St. | Eintritt

Eines der letzten zivilen Gebäude aus der Tudorzeit, das dem Kaufmann J. Rothe gehörte. Bekannt für seine Arkaden, seinen mittelalterlichen Garten und die historischen Dokumente.

D ST. CANICE'S CATHEDRAL

Parliament St. | Eintritt

Die schönste Kathedrale Irlands. Sie wurde im 13. Jh. dort erbaut, wo Canice, einer der 12 Apostel Irlands, eine Kirche errichtet hatte, von der heute nur noch das Kloster übrig ist.

E MEDIEVAL MUSEUM

2 St. Mary's Ln | Eintritt

Die ehemalige St. Mary's Church wurde in dieses moderne Museum umgewandelt, das neue Technologien nutzt, um die **mittelalterliche Geschichte Kilkennys** zu erzählen.

F SMITHWICK'S EXPERIENCE

Parliament St. | Eintritt

Die Familie Smithwick machte 1710 mit einem cremigen dunklen Bier ein Vermögen. Ihre **Brauerei** war die älteste in Irland, bevor sie von Guinness aufgekauft wurde. Verkostung inklusive!

G HURLING

www.thekilkennyway.com

Tauchen Sie ein in die faszinierende Welt des schnellsten Ballspiels der Welt. Zweistündige Tour mit Stadionbesuch, Wurfunterricht und einem *Irish stew* im Pub, während Sie sich ein Spiel ansehen.

 Die jeweiligen Öffnungszeiten finden Sie im Register ab S. 184.

TOUR 1

KILKENNY

ADRESSEN

1 KYTELER'S INN

• Älteste mittelalterliche Taverne der Stadt: Sie wurde 1263 eröffnet.
• Tgl. traditionelle Musik.
St. Kieran's St. | Mo–Do 12–18, Fr–So 12–23.30 Uhr

2 LEFT BANK

• Bank, die auf zwei Etagen in einen Pub umgewandelt wurde.
1 The Parade Gardens | So–Do 12–23, Fr 12–24, Sa 12–0.30 Uhr

3 JOHN CLEERE'S BAR & THEATRE

• Authentischer Pub, Mo und Mi traditionelle Musik.
• Tagessuppen, *Irish stew*, Sandwiches.
28 Parliament St. | tgl. 12–23.30, Fr, Sa bis 0.30 Uhr | kostenlose traditionelle Sessions, Eintritt Konzerte

4 MATT THE MILLERS

• Echte Pub-Atmosphäre mit traditioneller Musik tgl. 18–21 Uhr.
• *Pub grub* (Pub-Küche).
1 John St. Lower | tgl. 11–23.30 Uhr

5 ANOCHT RESTAURANT

• Restaurant im Kilkenny Design Center.
• Irische und internationale Küche.
Castle Yard | Do–Sa 18–21.30 Uhr

6 PETRONELLA

• Kreative europäische Küche.
• Auch irische Klassiker und Vegetarisches.
Butter Slip Lane | Di–Do 12–21, Fr, Sa 12–21.30 Uhr

7 BREWERY CORNER

»Die Bar, in der Sie lokale Biere aus der Brauerei O'Hara's genießen können. Livemusik und DJs an einzelnen Tagen.«
29 Parliament St. | Mi–Do 13–23.30, Fr, Sa 13–0.30, So 13–23 Uhr

VON KILKENNY NACH CORK

- **Strecke: 180 km (2.5 Std. reine Fahrzeit)**
- **2.5–3 Std. mit Bus oder Zug**
- **Es gibt Busse zu den Sehenswürdigkeiten**

DUNMORE CAVE

Eintritt

Die schönste Höhle Irlands. Ausstellung über ihre Entstehung und anschließend Abstieg mit einem Führer. In der Dunmore Cave wurden Spuren der Wikinger gefunden.

ROCK OF CASHEL

Cashel | Eintritt

Imposante Festung aus dem 4. Jh. auf einem Hügel, die bis zum 12. Jh. von mächtigen Königen bewohnt wurde und dann der Kirche übergeben wurde. Kathedrale, Kapelle und ein 28 m hoher Turm.

CAHIR CASTLE

Cahir | Eintritt

Gut erhaltene mittelalterliche Burg, die unter Filmliebhabern bekannt ist. Wendeltreppen und verwinkelte Gänge. Das Geweih eines riesigen prähistorischen Hirsches thront im Bankettsaal.

SWISS COTTAGE

Ardfinnan Rd., Cahir | Eintritt

Charmantes Landhaus des Grafen von Cahir. Möbel und Dekoration aus dem frühen 19. Jh. Gehen Sie vom Schloss aus zu Fuß dorthin (2 km), um den Ort richtig genießen zu können.

SHAMROCK LOUNGE

Cahir

- Einfache gutbürgerliche Küche.
- Sandwich, Steak, Schweinebraten, gebratener Fisch.

Castle St. | Küche 12–15.30 Uhr

 Die jeweiligen Öffnungszeiten finden Sie im Register ab S. 184.

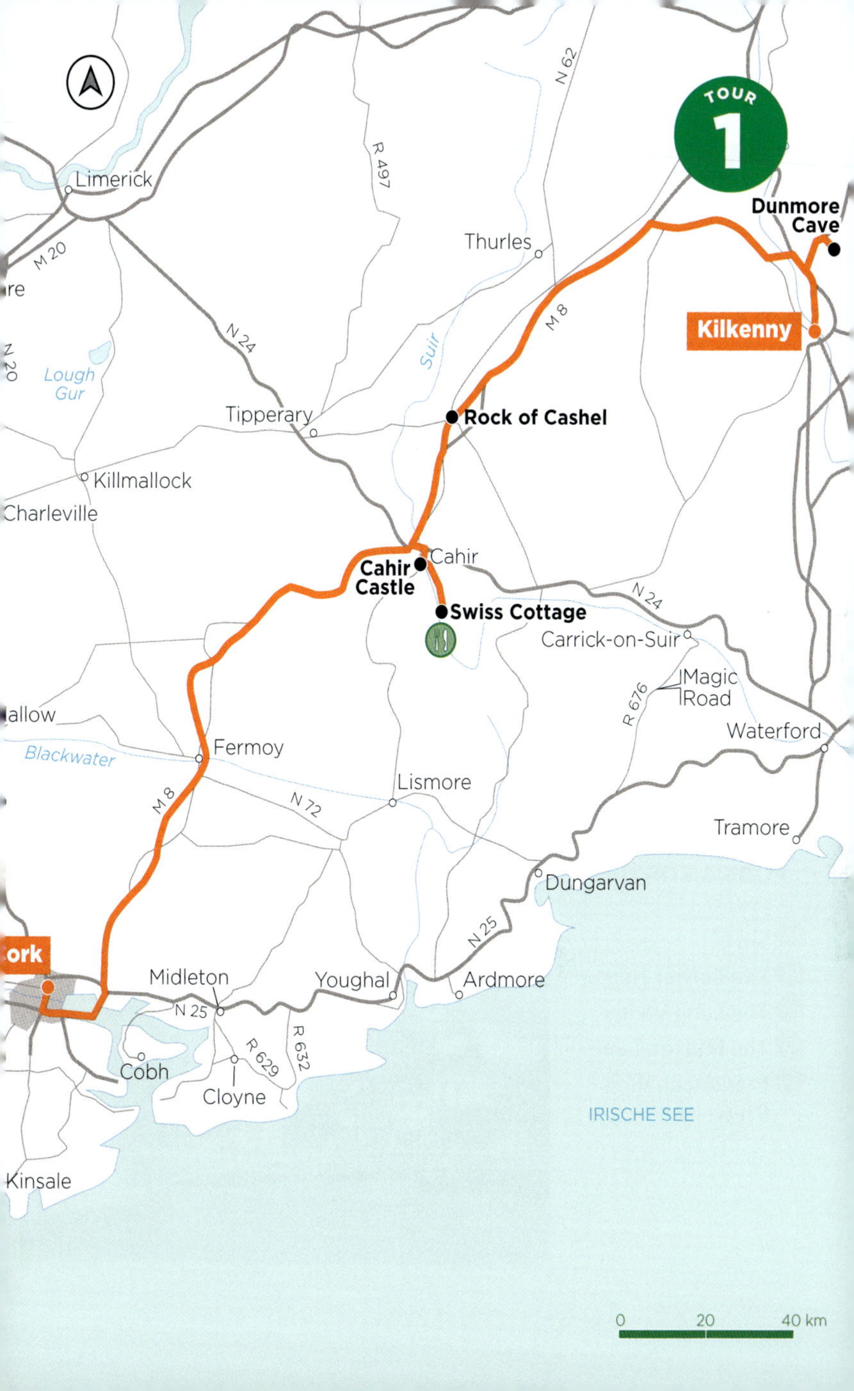

TOUR
1
Limerick
M 20
N 62
R 497
Thurles
Dunmore
Cave
Kilkenny
M 8
N 24
Suir
Lough
Gur
Tipperary
Rock of Cashel
Killmallock
Charleville
Cahir
Cahir
Castle
Swiss Cottage
N 24
Carrick-on-Suir
Magic
Road
R 676
Waterford
Fermoy
Blackwater
M 8
Lismore
N 72
Tramore
Dungarvan
N 25
Midleton
Youghal
Ardmore
N 25
R 629
R 632
Cobh
Cloyne
IRISCHE SEE
Kinsale
0
20
40 km

ETAPPE 3 CORK

Die vom Fluss Lee umschlossene Stadt Cork ist die zweitgrößte Stadt der Republik Irland. Schlendern Sie durch die Gassen des Shandon-Viertels und lassen Sie sich auf dem English Market von den irischen Spezialitäten verführen.

- **Gälischer Name: Corcaigh**
- **Das Zentrum erreicht man nicht gut mit dem Auto. Kostenlose Parkplätze nach 18 Uhr.**

SEHENSWERTES

- A English Market
- B Crawford Art Gallery
- C University College
- D Cork City Gaol
- E St. Anne's Church
- F Shandon-Viertel

RESTAURANTS

1. The Farmgate Cafe
2. Gallaghers Gastropub
3. Greenes
4. Jacques Restaurant
5. Isaac's Restaurant
6. The Rocket Man

PUBS & SORTIES

7. Sin É
8. The Corner House
9. The Long Valley
10. The Mutton Lane
11. Franciscan Well Brewery

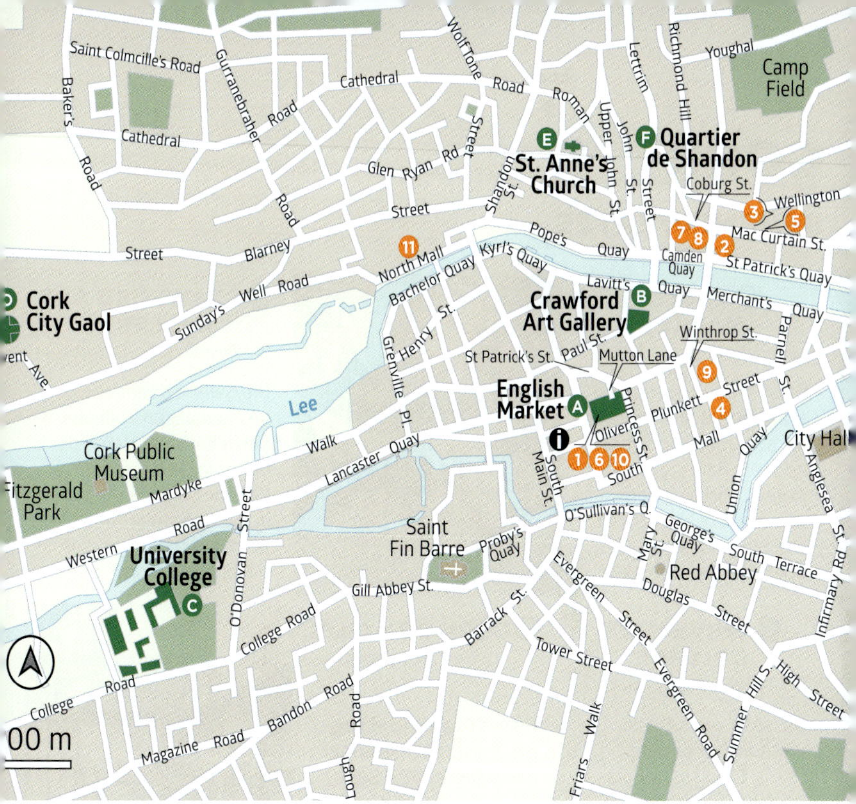

MEINE LIEBLINGSADRESSEN IN CORK

CORK

SEHENSWERTES

A ENGLISH MARKET

Grand Parade und Princes St.

Diese 1788 errichtete **Markthalle** brannte 1980 ab, aber man kann immer noch die Backsteinfassade im römisch-korinthischen Stil betrachten und bei landestypischen Spezialitäten bummeln.

B CRAWFORD ART GALLERY

Emmet Place | Eintritt

Die Galerie befindet sich im ehemaligen Zollhaus. Sie beherbergt Gemälde überwiegend irischer Künstler vom 16. Jh. bis in die Gegenwart und zeigt Ausstellungen der bildenden Kunst.

C UNIVERSITY COLLEGE

Western Road | gratis

Die 1849 von Königin Victoria gegründete Lewis-Glucksman-Galerie zeigt Ausstellungen zeitgenössischer Kunst, und Buntglasfenster aus dem 20. Jh. schmücken die Honan Chapel.

D CORK CITY GAOL

Convent Av. | Eintritt

Dieses **Frauengefängnis** wurde 1824 eröffnet und schloss 1923. Sein Museum zeigt die Lebensbedingungen der Insassinnen. Im Obergeschoss kann man das Radio Museum besichtigen.

E ST. ANNE'S CHURCH

3 Exchange St. | Eintritt

Panoramablick über die Stadt von der Spitze des Glockenturms. Sie können selbst die Glocke läuten! Der Turm (*fourth face liars*) ist bekannt für seine vier Uhren, die nie richtig gehen!

F SHANDON-VIERTEL

Shandon kommt von *sean dún*, »alte Festung«. Das Shandon-Viertel ist das beliebte Herz der Stadt. Schlendern Sie durch die Gassen mit ihren bunten Fassaden rund um die St. Mary's Cathedral.

 Die jeweiligen Öffnungszeiten finden Sie im Register ab S. 184.

TOUR 1

CORK

RESTAURANTS

1 THE FARMGATE CAFE

- Nette Pause in der Markthalle von Cork.
- Leckere Sandwiches und lokale Gerichte, die mit den Produkten des Marktes zubereitet werden.

English Market (1. Etage), Princes St. | Mo–Sa 8.30–16 Uhr

2 GALLAGHERS GASTROPUB

- Burger, Fish & Chips, *stews* (Eintöpfe) und eine große Auswahl an Bieren, Gins und Whiskeys.
- Lautes Ambiente, Livemusik am Wochenende.

32 McCurtain St. | tgl. 12–21.30 Uhr

3 GREENES

- Eleganter Rahmen und moderne, raffinierte irische Küche.
- Schöne Terrasse.

48 McCurtain St. | Mi–Fr 17–21, Sa, So 12.45–14.15, 17–21 Uhr

4 JACQUES RESTAURANT

- Bekannt für die Frische und die Qualität der Zutaten.
- Einfache und schmackhafte Bistroküche.

23 Oliver Plunkett St. | Mi–Sa 12.30–21.30 Uhr

5 ISAAC'S RESTAURANT

- Bei Einheimischen beliebtes Restaurant in einem geschmackvoll renovierten Lagerhaus aus dem 18. Jh.

48 McCurtain St. | Di, So 17–21, Mi–Sa 12.30–14.30, 17.30–21.30 Uhr

6 THE ROCKET MAN

»Gesundes und buntes Fast Food. Falafel, Salate, Sandwiches und leckere vegetarische Eintöpfe.«

38 Princes St. | Mo–Sa 8–18 Uhr

CORK

AUSGEHEN

7 SIN É

- 1889 eröffneter gemütlicher, kleiner volkstümlicher und authentischer Pub.
- Gute Atmosphäre und traditionelle Musik.

8 Coburg St. | tgl. 12.30–23.30, Fr, Sa bis 0.30 Uhr | (Bild)

8 THE CORNER HOUSE

- Sehr netter und gemütlicher Pub, der sowohl bei Einheimischen als auch bei Besuchern beliebt ist.
- Livmusik jeden Abend.
- Bietet kein Essen an.

7 Coburg St. | tgl. 15.30–23.30, Sa bis 0.30 Uhr

9 THE LONG VALLEY

- Ein historischer Pub, einer der berühmtesten der Stadt, in dem man das alte Cork einatmen kann.
- Traditionelle Küche.

10 Winthrop St. | tgl. 10–0.30 Uhr

10 THE MUTTON LANE

- Eine legendäre Adresse.
- Einer der ältesten Pubs in Cork (1788), winzig, dunkel und mit Kerzenlicht beleuchtet.

3 Mutton Lane | Mi–Do 10.30–23.30, Fr, Sa 14–23 Uhr

11 FRANCISCAN WELL BREWERY

- Vor Ort gebrautes Bier und im Holzofen gebackene Pizzen, die Sie im überdachten Biergarten genießen können.

14B North Mall | Mi–Do 13–23.30, Fr, Sa 13–0.30, So 13–23 Uhr

TOUR
1

TAGESAUSFLUG VON CORK

YOUGHAL UND COBH

AUF DEN SPUREN DER TITANIC

- **130 km lange Rundreise mit dem Auto (2.30 Std. reine Fahrzeit)**
- **Busse zur Jameson Distillery und nach Youghal, Zug nach Cobh**
- **Youghal wird »Yaul« ausgesprochen und Cobh »Cove«**

JAMESON DISTILLERY

Midleton | Eintritt

Besichtigung (1.15 Std.) des historischen Gebäudes, in dem der Jameson-Whiskey hergestellt wurde (heute in einer modernen Destillerie). Gute Erklärungen zum traditionellen Herstellungsprozess.

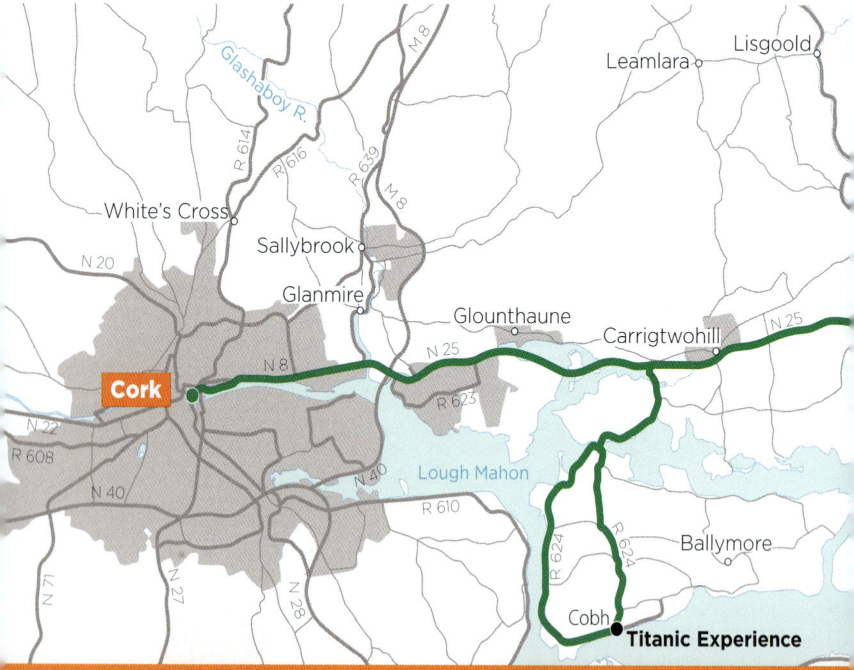

TOUR 1

YOUHGAL	BALLYMALOE HOUSE *Shanagarry*	TITANIC EXPERIENCE *Cobh | Eintritt*
Von den Wikingern gegründet, einst wichtiger Hafen. Halten Sie am Clock Gate (Ex-Gefängnis) und am Myrtle Grove, einem Garten, in dem angeblich die erste Kartoffel Irlands gepflanzt wurde!	• Fleisch, Fisch und Gemüse aus der Region. • Malerisches Herrenhaus im Herzen der irischen Landschaft. *Tgl. 13–14 Uhr*	Der Hafen von Cobh war die letzte Station der Titanic vor New York. Die Titanic Experience erzählt ihre Geschichte in den ursprünglichen Räumlichkeiten der Reederei White Star Line.

KINSALE UND DIE SÜDKÜSTE

FLUCHT AN DIE KÜSTE

- **150 km lange Rundreise mit dem Auto (3 Std. reine Fahrzeit)**

KINSALE

Fischerdorf mit bunten Häusern, das für seine Gastronomie berühmt ist. Schlendern Sie durch die Gassen und entdecken Sie die **St. Multose Church**, eine der ältesten Kirchen Irlands, und **Desmond Castle**. Am Market Square bietet das kleine **Kinsale Museum** einen kurzen Einblick in die Vergangenheit. Vom Hafen aus erreichen Sie über die High Road das **Charles Fort** aus dem 17. Jh. mit einem hervorragenden Blick auf Kinsale.

CLONAKILTY

Hier wurde Michael Collins geboren, ein Führer des irischen Unabhängigkeitskampfes. Besuchen Sie das **Michael Collins Center** am Emmet Square. Im **West Cork Regional Museum** erfahren Sie mehr über die Unabhängigkeitsbewegung. Auch das Postamt ist sehenswert: Es befindet sich in einer ehemaligen Kirche. Bevor Sie weiterfahren, sollten Sie den lokalen Black Pudding probieren, die bekannte schwarze Blutwurst.

DE BARRA'S PUB

Clonakilty

- In ganz Irland bekannter Pub.
- Schöne Atmosphäre.

55 Pearse St. | Mo–Sa 10–23.45, Fr, Sa bis 0.30, So 12–23.30 Uhr

DROMBEG STONE CIRCLE

Dieser Steinkreis ist einer der meistbesuchten in Irland. Zwei Steine bilden ein Portal, das einem Altar gegenüberliegt, der zur Wintersonnenwende die Sonnenstrahlen empfängt.

 Die jeweiligen Öffnungszeiten finden Sie im Register ab S. 184.

Cork
Ballincollig
Crookstown
Cappeen
Cross Barry
Ballinhassig
Fivemilebridge
Inishannon
Riverstick
Bandon
Belgooly
Enniskean
Kinsale
Knocks
Kilbrittain
Ballinascarthy
Ballinspittle
Drinagh
Ballymacowen
Timoleague
Clonakilty
Lissavaird
Rosscarbery
Old Head
of Kinsale
Castlefreke
Seven Heads
Glandore
Drombeg Stone Circle
Galley Head
Castletownshend
Lee
N 22
N 20
N 71
N 27
R 618
R 579
R 584
R 585
R 589
R 588
R 586
R 587
R 599
R 602
R 603
R 605
R 600
R 597
ATLANTISCHER
OZEAN
0
5
10 km

VON CORK NACH KILLARNEY

- **Strecke: 93 km (1.50 Std. reine Fahrzeit)**
- **1.20–2 Std. mit Bus oder Zug**
- **Busse fahren zu den Sehenswürdigkeiten**

TOUR 1

BLARNEY CASTLE *Eintritt*	GLANTANE EAST *Eintritt frei*	BLAIRS INN *Cloghroe*
Der Erfolg des Ortes? Der »Stein der Sprachgewandtheit«, den man mit dem Kopf nach unten küssen muss, um diese Gabe zu erhalten! Tolle Aussicht auf die Umgebung vom Turm aus dem 15. Jh. (Bild)	Ein Dolmen, zwei Kreise und eine Steinreihe. Die Atmosphäre ist besonders mystisch um einen der Kreise herum, der mit Moos bedeckt und von Bäumen umgeben ist.	• Typischer und gemütlicher kleiner Landpub. • Lokale Produkte. *Auf der R 579 nach Cloghroe | Do–So 13–23.30 Uhr*

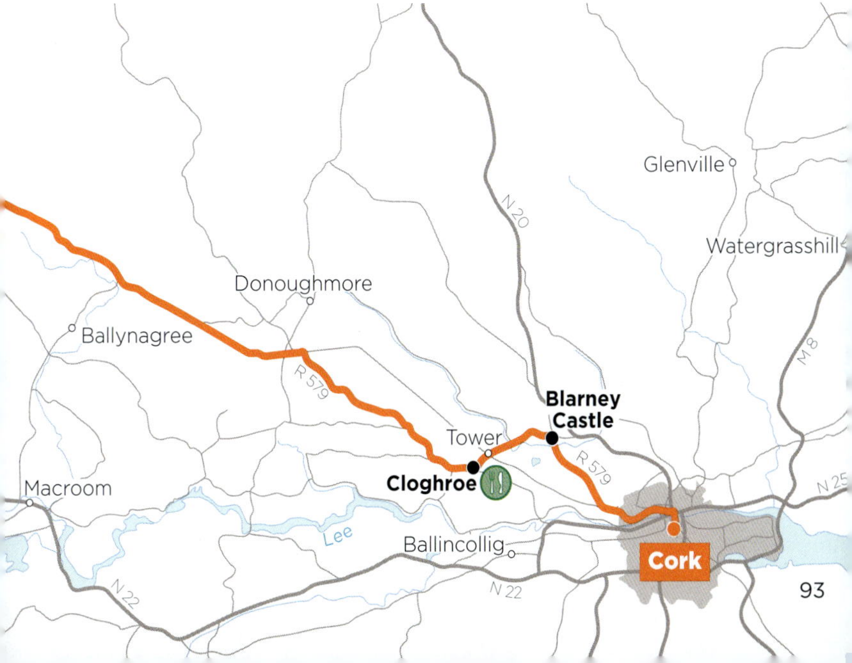

ETAPPE 4 KILLARNEY UND UMGEBUNG

Killarney ist ein ausgezeichneter Ausgangspunkt für Ausflüge in die Grafschaft Kerry. Der Nationalpark, die Panoramastraßen und die Strände am Fuße der Berge machen die Region zu einem Muss!

- **Außer für Killarney selbst ist für Besichtigungen ein Auto erforderlich**
- **Zu den Hauptattraktionen fahren auch Busse**

SEHENSWERTES

1. Killarney
2. Killarney National Park
3. Ring of Kerry
4. Dingle-Halbinsel

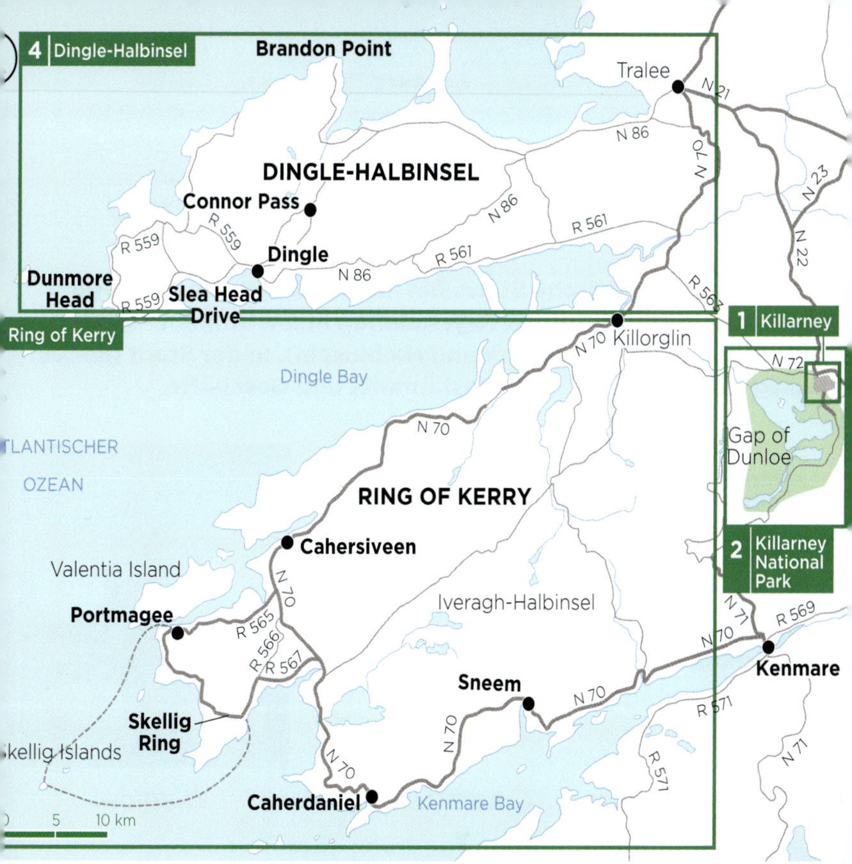

4 Dingle-Halbinsel
Brandon Point
Tralee
N 21
N 86
N 70
DINGLE-HALBINSEL
Connor Pass
N 23
N 86
R 559
R 561
N 22
R 559
Dingle
R 561
Dunmore Head
N 86
R 563
R 559
Slea Head Drive
Ring of Kerry
Killorglin
N 70
1 Killarney
N 72
Dingle Bay
N 70
Gap of Dunloe
TLANTISCHER
OZEAN
RING OF KERRY
Cahersiveen
2 Killarney National Park
Valentia Island
N 70
Iveragh-Halbinsel
Portmagee
R 565
N 71
R 569
R 566
N 70
R 567
Kenmare
Sneem
N 70
R 571
Skellig Ring
N 70
kellig Islands
N 70
R 571
N 71
Caherdaniel
Kenmare Bay
5
10 km

KILLARNEY UND UMGEBUNG 1 KILLARNEY

Kleine, sehr touristische Stadt. Ein idealer Ort, um in der Region zu übernachten und einen Tagesausflug in die Umgebung zu unternehmen (Nationalpark und Halbinseln). In der Stadt gibt es wenig zu sehen, aber viele Restaurants und Geschäfte.

- **Parkplätze im Zentrum**
- **Ein halber Tag reicht aus, um durch die Stadt zu schlendern und die Kathedrale zu besichtigen**

A ST. MARY'S CATHEDRAL

Cathedral Place | gratis

Kathedrale im neogotischen Stil, die im 19. Jh. von A. W. Pugin, dem Architekten des Londoner Parlaments, entworfen wurde. Hier wird der Opfer der Großen Hungersnot gedacht.

1 MURPHY'S BAR

- Ein Klassiker in Killarney, der seit 1955 von der Familie Murphy geführt wird.
- Sehr gute Pub-Küche, traditionelle Einrichtung.

18 College St. | tgl. 12.30–23 Uhr

2 BUCKLEY'S BAR

- Holzvertäfelung, Kamin – ein Pub aus dem Jahr 1926 mit zeitlosem Charme. Traditionelle Musikveranstaltungen (Sa, So im Winter, Fr, Sa im Sommer).

Arbutus Hotel, College St. | tgl. 16–0.30 Uhr

3 BRÍCIN

- Kunsthandwerksladen und Restaurant mit traditioneller Küche.
- Besonderheit: *Killarney boxty* (Kartoffelpuffer).

26 High St. | Di–Sa 18–21 Uhr

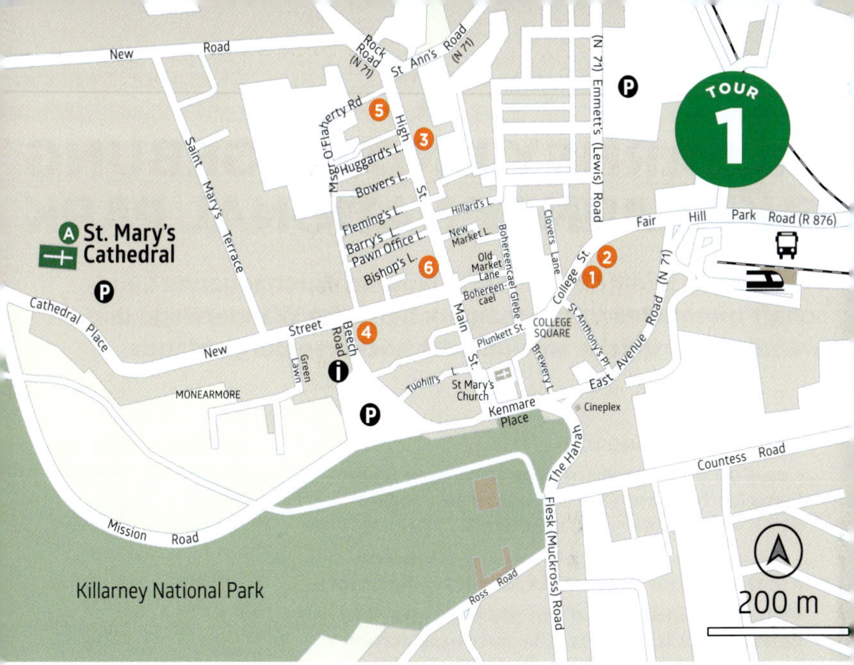

4 CELTIC WHISKEY BAR

»Bar für Whisky und andere irische Spirituosen. Verkostungen und Pub Cooking.«

93 New St. | Mi–Do 12–23.30, Fr, Sa 12–0.30, So 12.30–23 Uhr

5 PETIT DÉLICE

- Hübsches französisches Bäckerei-Café, ideal für den kleinen Hunger.
- Snacks, Quiches, Suppen, Sandwiches, Croissants und Gebäck.

41–42 High St. | Mo–Sa 8–18 Uhr

6 QUINLANS SEAFOOD

- Fish & Chips, beliebt wegen der Meeresfrüchte und ultrafrischer frittierter Fische zu günstigen Preisen.
- Sehr einfaches Ambiente.

77 High St. | Di–So 12–21.30, Fr, Sa bis 22 Uhr

KILLARNEY UND UMGEBUNG

2 KILLARNEY NATIONAL PARK

In einer von Seen, Wäldern und Mooren durchzogenen Landschaft bietet dieser Nationalpark herrliche Wanderwege und grandiose Ausblicke am Fuße der höchsten Berge Irlands.

- **Kostenloser Zugang:**
- **zu Fuß vom Zentrum von Killarney über Gate Lodge und Deenagh Lodge (gegenüber von St. Mary's Cathedral)**
- **mit dem Auto: Haupteingang 6 km von Killarney über die N 71 in Richtung Kenmare**
- **für Fußgänger rund um die Uhr, aber eingeschränkt für Autos. Die automatischen Tore schließen im Winter um 17 Uhr, in der Zwischensaison um 18 Uhr und im Sommer um 19 oder 21 Uhr.**
- **Gap of Dunloe: über die N 72, dann Richtung Beaufort. Im Sommer für Autos gesperrt. Parken bei Kate Kearney's Cottage.**

UNTERWEGS IM NATIONALPARK

Mit einem Wegenetz von 70 km eignet sich der 10 000 ha große Nationalpark sowohl für kurze Spaziergänge als auch für ausgedehnte Wanderungen. Man endeckt ihn zu Fuß, mit dem Fahrrad, zu Pferd oder mit der Kutsche. Die drei Seen kann man mit einem Boot erkunden.

HIGHLIGHTS

- A Ross Castle
- B Lough Leane
- C Drei-Seen-Runde
- D Muckross House
- E Torc Waterfall
- F Ladies View
- G Gap of Dunloe
- H Kutschfahrt

TOUR 1
Killarney
Heights of Aghadoe
Aghadoe
R 563
N 72
N 72
N 72
N 22
Beaufort
Dunloe Castle
Kearney's Cottage H
Innisfallen Abbey
B C Lough Leane
Ross Castle A
Flesk
N 71
Muckross Abbey
Muckross H
Muckross House D
Muckross House and Garden P
C Muckross Lake
Gap of Dunloe G
Torc Waterfall E
H
N 71
832 Torc Mountain
Eagles Nest
KILLARNEY NATIONAL PARK
N 71
Upper Lake C
Devil's Punchbowl
839 Mangerton Mountain
Ladies View F
N 71
0 1 2 km

KILLARNEY HIGHLIGHTS

2 KILLARNEY NATIONAL PARK

A ROSS CASTLE

Ross Road | Eintritt

Die Burg aus dem 15. Jh. spiegelt sich im Lough Leane – eine romantische Erinnerung an das feudale Irland! Sehenswert sind die Möbel und Einrichtungsgegenstände aus dem 16. und 17. Jh.

B LOUGH LEANE

Größter See von Killarney, auch Lower Lake genannt. Man kann mit einem Boot von Ross Castle nach Innisfallen Island fahren, wo sich die Ruinen eines mittelalterlichen Klosters befinden.

C DREI-SEEN-RUNDE

Von Ross Castle aus

Wandern Sie zunächst zum »Meeting of the Waters«, wo sich die Wasser der drei Seen treffen. Weiter geht es zum Lord Brandon's Cottage am Upper Lake und dann zum Dunloe-Pass.

D MUCKROSS HOUSE

Zu dem wunderschönen **Anwesen** gehören ein viktorianisches Herrenhaus, Höfe, Gärten und die Ruinen einer Abtei aus dem 15. Jh. Wandern oder fahren Sie mit dem Rad um den Muckross Lake.

E TORC WATERFALL

Vom Muckross House aus geht ein schöner Pfad durch den Wald zu diesem 18 m hohen **Wasserfall**. 260 Stufen führen zu einem Aussichtspunkt mit Blick über Killarney und die drei Seen.

F LADIES VIEW

Der prächtige **Aussichtspunkt** mit Blick auf die Seen und die Berge erinnert an die Spaziergänge von Königin Victoria und ihren Hofdamen. Ein zauberhaftes Panorama!

G GAP OF DUNLOE

10 km/3 Std. Wanderung (einfach)

Ein wunderschönes **Tal** mit kleinen Seen, Wiesen, Schafen und Wildpferden. Im Sommer sehr gut besucht! (Bild)

H KUTSCHFAHRT

Recht teuer, aber eine Option, um den Park ohne Anstrengung oder mit der Familie zu erkunden. Die Kutscher warten in Killarney an den Parkplätzen von Muckross, Torc Waterfall und Gap of Dunloe.

TOUR
1

KILLARNEY UND UMGEBUNG

3 RING OF KERRY

Eine der schönsten Straßen Irlands, eine 180 km lange Rundstrecke, die die atemberaubende Landschaft der Iveragh-Halbinsel enthüllt: grüne Weiden, Klippen, weiße Sandstrände und bunte Dörfer.

- **Folgen Sie der N 71 von Killarney aus und dann der N 70. Gut ausgeschilderte Strecke.**
- **Tipp: Empfohlene Route entgegen den vielen Touristenbussen im Uhrzeigersinn (Kenmare – Cahersiveen – Killorglin)**
- **Steile und enge Straßen, die in der Hochsaison stark befahren und verstopft sind. Planen Sie einen Tag ein, um die Strecke mit dem Auto oder dem Bus zu bewältigen. Nur wenige Tankstellen, vor der Abfahrt tanken.**
- **Rundreise mit Bus Eireann oder einem anderen der vielen privaten Unternehmen**

SEHENSWERTES

- A Kenmare
- B Sneem
- C Caherdaniel
- D Skellig Ring
- E Portmagee
- F Cahersiveen
- G Killorglin

TOUR 1
Dunmore Head
Slea Head Drive
Slea Head
Dingle
N 86
R 559
R 561
R 563
N 22
G
Killorglin
Killarney
N 72
N 70
Dingle Bay
ATLANTISCHER OZEAN
Gap of Dunloe
Glencar
Killarney National Park
RING OF KERRY
Cahersiveen
F
Valentia Island
Iveragh-Halbinsel
N 71
E Portmagee
R 565
R 566
R 567
R 569
A Kenmare
B Sneem
R 571
D Skellig Ring
Skellig Islands
Caherdaniel
C
Kenmare Bay
0 5 10 km

KILLARNEY SEHENSWERTES

3 RING OF KERRY

A KENMARE

Diese **Kleinstadt** mit ihren bunten Häusern wurde um 1670 gegründet und ist der Ausgangspunkt für den Ring of Kerry im Süden. Sie ist bekannt für ihren Steinkreis.

B SNEEM

Am Ufer des Sneem River liegt dieses **bunte Küstendorf** mit seinen Pubs, Kunsthandwerks- und Skulpturenläden. Beliebter Ort, entsprechend sind im Sommer viele Touristen da. (Bild)

C CAHERDANIEL

Der **Derrynane National Historic Park** lädt zu schönen Spaziergängen zwischen Mooren, Stränden und Klippen ein. Bei Ebbe können Sie die Ruinen von Abbey Island erreichen.

D SKELLIG RING

R 565 | Schilder auf Gälisch

Der »Diamant von Kerry«! Atemberaubende **Panoramastraße**, die für die meisten Busse zu schmal ist und eine wunderbare Aussicht auf die wilde Küste und die Skellig Islands bietet.

E PORTMAGEE

Charmantes **Fischerdorf** mit Hafen und bunten Häusern, gegenüber von Valentia Island (das über eine Brücke erreichbar ist). Abfahrt der meisten Boote zu den Skellig Islands.

F CAHERSIVEEN

Dieses kleine, verschlafene **Dorf** birgt Schätze in seiner unmittelbaren Umgebung: zwei schöne Ringforts aus dem 9. und 10. Jh. und die Ruinen von Ballycarbery Castle.

G KILLORGLIN

Eine friedliche **Kleinstadt**, die mit der berühmten *puck fair* im August ein dreitägiges Volksfest mit Konzerten und Viehmarkt feiert, bei dem ein Ziegenbock zum König gekrönt wird.

TOUR
1

KILLARNEY UND UMGEBUNG

4 DINGLE-HALBINSEL

Zerklüftete Klippen, grüne Wiesen, Buchten, die von Wasser in allen Farben umspült werden, uralte Relikte – ein abgeschiedenes und fast unberührtes Stück Irland, eine Hochburg der gälischen Sprache, umgeben vom tosenden Ozean!

- **Strecke Killarney – Dingle: 64 km (1 Std.)**
- **Planen Sie einen ganzen Tag ein, um die Halbinsel zu umrunden**
- **Straßenschilder auf Gälisch**

HIGHLIGHTS & ADRESSEN

- A Dingle
- B Dingle Sea Safari
- C Slea Head und Slea Head Drive
- D Dunmore Head
- E Dunquin
- F Brandon Point
- G Connor Pass
- 1 Murphy's Ice Cream

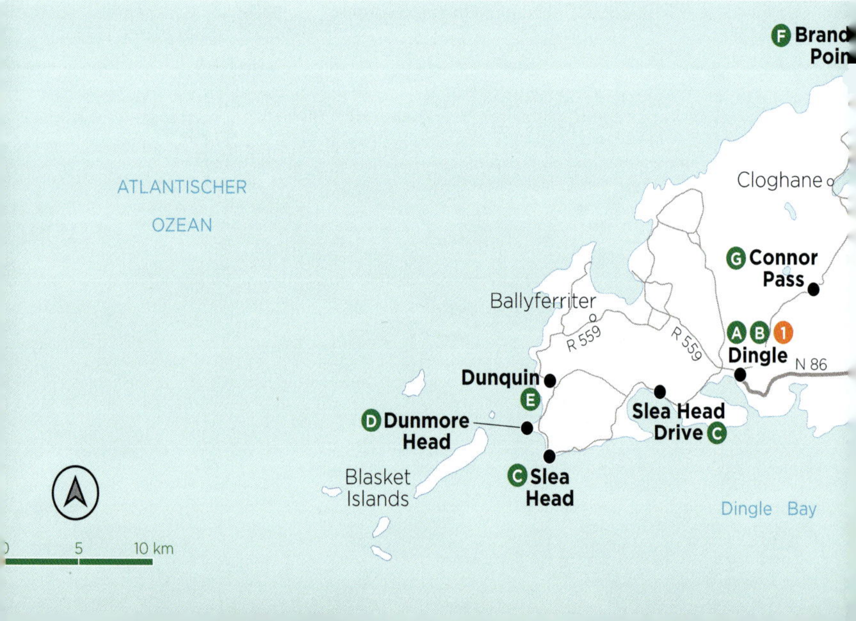

TOUR
1

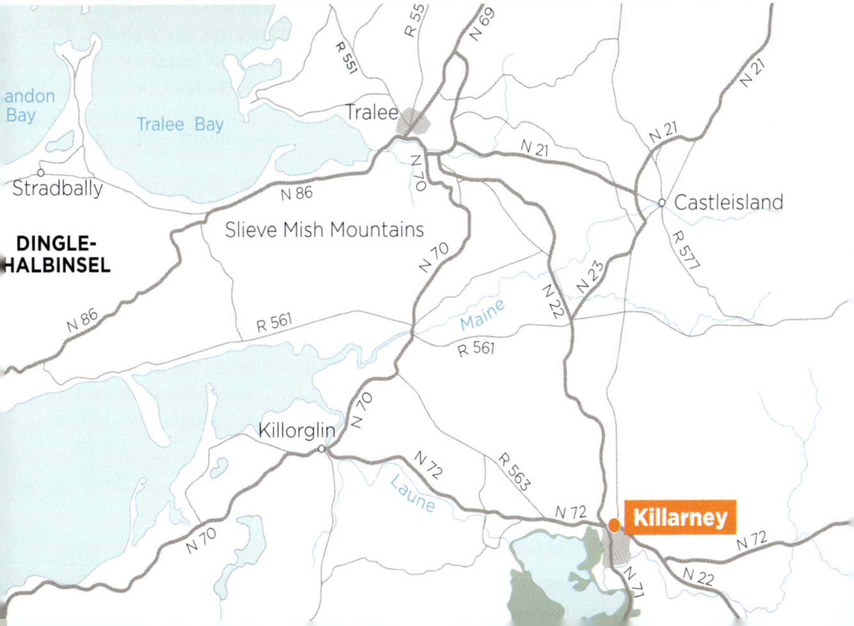
R 55
N 69
R 551
andon
Bay
Tralee Bay
Tralee
N 21
N 21
N 21
N 70
Stradbally
N 86
Castleisland
Slieve Mish Mountains
DINGLE-
HALBINSEL
R 577
N 70
N 23
N 22
N 86
Maine
R 561
R 561
N 70
Killorglin
N 72
R 563
Laune
N 72
Killarney
N 72
N 70
N 22
N 71

KILLARNEY HIGHLIGHTS & ADRESSEN

4 PÉNINSULE DE DINGLE

A DINGLE

Ein charmanter **Fischerhafen** in der gleichnamigen Bucht. Dingle ist die »Hauptstadt« der Halbinsel mit Geschäften, rund 60 Pubs und vielen guten Musikern.

B DINGLE SEA SAFARI

Dingle

Bootsausflug in die Dingle-Bucht, wo der Delfin Fungie eine Touristenattraktion war, bis er verschwand. Vermutlich ist das Tier gestorben.

Strand St. Unit 2, The Pier | tgl. 10–17 Uhr | Dauer 2–2.30 Std.

1 MURPHY'S ICE CREAM

Dingle

»Die beste Eisdiele in Irland. Man schmeckt die echte Handarbeit. Ich liebe das Schwarzbroteis für eine süße Pause!«

Strand St. | tgl. 11–22 Uhr

C SLEA HEAD UND SLEA HEAD DRIVE

R559 und R549

50 km lange Rundfahrt ab Dingle. **Panoramastraße** mit atemberaubenden Landschaften. Von den Klippen von Slea Head hat man einen grandiosen Blick auf die Blasket Islands. Sehenswert sind die kreisförmige Festung Dunbeg, die auf den Klippen thront, und die erstaunlichen Clocháns von Fahan, fast 400 bienenkorbförmige Steinhütten. In **Ceann Sibeal** wurden die Hütten für die Dreharbeiten zu *Star Wars VII* und *VIII* genutzt.

D DUNMORE HEAD

Das westlichste Ende von Irland! Am Kap herrscht eine Atmosphäre wie am Ende der Welt: Die Klippen stürzen in den brodelnden Ozean. Schöne Wanderung in der Gegenwart vieler Schafe.

E DUNQUIN

Ein **Fischerdorf**, von dem aus es eine Fährverbindung zu den heute unbewohnten Blasket Islands gibt. Das Blasket Centre erzählt die Geschichte der ehemaligen Insulaner (Eintritt).

F BRANDON POINT

Aussichtspunkt am Fuße des Brandon Mountain, einem der höchsten Berge Irlands (952 m). Von den Klippen kann man Vögel und Meerestiere beobachten. Ausgangspunkt für Wanderungen.

G CONNOR PASS

Eine schöne Serpentinenstraße schlängelt sich bis zum höchsten **Pass** Irlands (456 m). An klaren Tagen bietet sich ein atemberaubender Blick auf die Halbinsel, die im Norden grün, im Süden karg ist.

TOUR
1

TAGESAUSFLUG VON KILLARNEY

SKELLIG ISLANDS

KLOSTER UND *STAR WARS* AUF SKELLIG MICHAEL

- **Reservierung sehr empfehlenswert: Wenn das Betretungslimit erreicht ist, fährt das Boot nur um die Inseln herum. Liste der Boote unter www. skelligexperience.com/ other-sea-tours.**
- **Abfahrt von Portmagee (mit dem Auto 1.20 Std. von Killarney entfernt)**
- **Bringen Sie ein Fernglas mit!**
- **Kein Restaurant vor Ort**

DER ARCHIPEL

Der Archipel besteht aus den Inseln Skellig Michael und Little Skellig (nicht zugänglich). Man sollte einigermaßen in Form sein, um die 600 Stufen zu den Klosterruinen hinaufzusteigen.

DIE GESCHICHTE GEHT WEITER

Im Jahr 600 waren die Skellig Islands ein Zufluchtsort für Mönche. Im 13. Jh. verließen sie den Ort und ließen Kapellen, Oratorien, Zellen, Kreuze und Gräber zurück. Noch heute kann man die Überreste dieser Bauten besichtigen. Skellig Michael wurde von den Filmemachern der *Star Wars*-Episoden VII und VIII als Drehort entdeckt.

FAUNA

Little Skellig beherbergt eine große Vogelpopulation. 35 000 Basstölpelpaare leben hier, dazu Papageientaucher, Sturmvögel, Lummen und Robben. Man kann sie aus der Ferne bewundern.

THE FISHERMAN'S BAR

Portmagee

- Am Hafen von Portmagee.
- Meeresfrüchte- und Fischspezialitäten.

2 Harbour View | tgl. 9–23.30, Fr, Sa bis 1 Uhr

TOUR
1

VON KILLARNEY NACH LIMERICK

- **Strecke: 137 km (2.10 Std. reine Fahrzeit)**
- **1.45–2.10 Std. mit dem Bus**

KERRY COUNTY MUSEUM

Denny St., Tralee | Eintritt

Zweigeteiltes Museum. Eine Abteilung widmet sich dem Wiederaufbau von Tralee im Mittelalter, die andere der über 10 000 Jahre alten Geschichte Kerrys bis zur Selbstständigkeit Irlands 1949.

ADARE UND DESMOND CASTLE

An der Hauptstraße von Adare sieht man strohgedeckte irische Cottages (Bild unten) und die Trinitarierkirche. Halten Sie auch ein Stück weiter auf der N 21 am Desmond Castle. (Bild ganz unten).

SEAN COLLINS & SONS BAR

Adare

- Traditioneller Familien-Pub.
- Typische Gerichte, Fleisch aus regionaler Herkunft, Pizza, Wraps.

Main St. | tgl. 10–23.30, Fr, Sa bis 1.30 Uhr

TOUR 1
LANTISCHER OZEAN
Ennis
Latoon
Shannon
Limerick
ilkee
Kilrush
Foynes
Askeaton
Shannon
Desmond Castle
Adare
Rathkeale
Croom
Newcastle West
Listowel
Feale
Abbeyfeale
Charleville
Dromcollogher
Kerry County Museum
Castleisland
Buttevant
Newmarket
Ballydesmond
Mallow
Banteer
Killarney
Millstreet
N 67
N 85
N 352
R 474
R 469
N 68
M 18
R 503
N 67
R 484
R 473
N 69
M 20
R 551
R 524
R 521
N 69
R 553
R 523
N 21
N 20
R 520
R 522
R 515
N 69
R 576
N 21
R 578
R 522
N 23
R 579
R 577
N 72
N 22
N 72
N 72
N 71
R 582
R 579
R 619
N 22
N 20
0
5
10 km

ETAPPE 5 LIMERICK

Die ehemalige Arbeiterstadt, die lange Zeit wegen ihres tristen Images gemieden wurde, besucht man heute wegen ihrer kulturellen Dynamik, dem Milk Market und den lebhaften Pubs.

- **Gebührenpflichtiges Parken auf der Straße, begrenzt auf 2 Std. (Sie müssen eine Rubbelkarte kaufen). Achtung, einige Parkplätze schließen um 19 Uhr.**

SEHENSWERTES

- A King John's Castle
- B St. Mary's Cathedral
- C Frank McCourt Museum
- D Milk Market

RESTAURANTS

1. The Locke Bar
2. Tom Collins
3. Dolan's Pub
4. Freddy's
5. The Cornstore

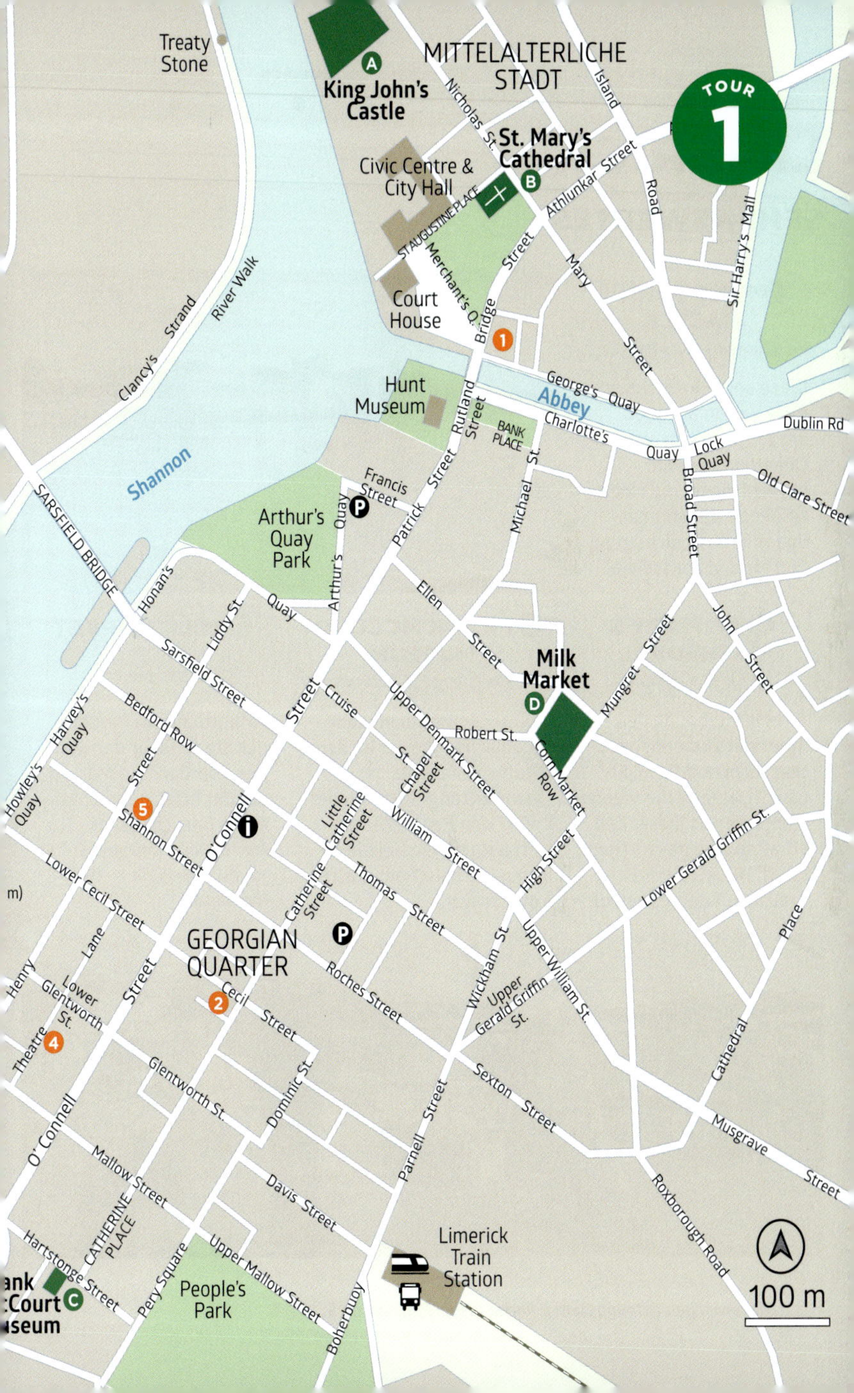

TOUR 1
MITTELALTERLICHE STADT
King John's Castle
Treaty Stone
St. Mary's Cathedral
Civic Centre & City Hall
Court House
Hunt Museum
Arthur's Quay Park
Milk Market
GEORGIAN QUARTER
People's Park
Limerick Train Station
Shannon
Abbey
Nicholas St.
Island Road
Athlunkar Street
Sir Harry's Mall
ST. AUGUSTINE PLACE
Merchant's Q.
Bridge Street
Mary Street
Clancy's Strand
River Walk
George's Quay
Charlotte's Quay
Rutland Street
BANK PLACE
Michael St.
Lock Quay
Dublin Rd
Broad Street
Old Clare Street
Francis Street
Arthur's Quay
Patrick Street
SARSFIELD BRIDGE
Honan's Quay
Liddy St.
Ellen Street
John Street
Mungret Street
Sarsfield Street
Cruise Street
Upper Denmark Street
Robert St.
Corn Market Row
Harvey's Quay
Howley's Quay
Bedford Row
St. Chapel Street
William Street
High Street
Lower Gerald Griffin St.
Shannon Street
O'Connell Street
Little Catherine Street
Catherine Street
Thomas Street
Lower Cecil Street
Lane
Henry Street
Lower Glentworth St.
Theatre Lane
Cecil Street
Roches Street
Wickham St.
Upper Gerald Griffin St.
Upper William St.
Place
Cathedral Place
Glentworth St.
Dominic St.
Sexton Street
Musgrave Street
Parnell Street
Roxborough Road
Mallow Street
Davis Street
CATHERINE PLACE
Hartstonge Street
Pery Square
Upper Mallow Street
Boherbuoy
100 m

LIMERICK

SEHENSWERTES

Ⓐ KING JOHN'S CASTLE

Nicholas St. | Eintritt

Diese anglonormannische Burg wurde um 1200 erbaut und nach Johann Ohneland benannt, obwohl dieser nie einen Fuß in sie gesetzt hat. Spannende Besichtigung und Multivisionsschau.

Ⓑ ST. MARY'S CATHEDRAL

Bridge St. | Eintritt

Ältestes Gebäude der Stadt mit zinnenbewehrtem Turm und Dach. Erbaut 1168, sind nur wenige Elemente aus dieser Zeit erhalten, wie das Kirchenschiff. Hübsche keltische Kreuze auf dem Friedhof.

Ⓒ FRANK MCCOURT MUSEUM

Hartstonge St. | Eintritt

Dieses Museum im georgianischen Viertel ist dem Autor von *Die Asche meiner Mutter* gewidmet, der 1997 den Pulitzer-Preis erhielt und ein beliebter angelsächsischer Schriftsteller war.

Ⓓ MILK MARKET

»Markthalle im Herzen der Stadt. Einer der wenigen überdachten Märkte auf der Insel, unbedingt einen Besuch wert!«

Market House, Mungret St. | Fr 10–15, Sa 8–15, So 11–15 Uhr | (Bild unten)

 Die jeweiligen Öffnungszeiten finden Sie im Register ab S. 184.

LIMERICK

TOUR 1

RESTAURANTS

1 THE LOCKE BAR

- Pub mit Terrasse am Wasser. Meeresfrüchte und Burger.
- Livemusik am Abend.

3 George's Quay | Mo–Fr 9–23.30, Sa, So 10–23 Uhr | (Bild rechts)

2 TOM COLLINS

- Charmanter alter Pub mit einer gemütlichen Atmosphäre. Gute Auswahl an Bieren und Gins.
- Überdachter und beheizter Hof auf der Rückseite.

34 Cecil St. | tgl. 13–20 Uhr

3 DOLAN'S PUB

- Ein großes Pub-Restaurant im Lagerhausviertel.
- Traditionelle Musik tgl. ab 21 Uhr.

3–4 Dock Road | tgl. 10–24 Uhr

4 FREDDY'S

- Ein intimes Bistro in einem alten Backsteinhaus aus dem 19. Jh.
- Moderne Küche.

Theatre Lane, Lower Glentworth St. | Di–Sa 17.30–22 Uhr

5 THE CORNSTORE

- Eine beliebte Adresse für Cocktails, Meeresküche und gute Steaks.
- Eleganter und romantischer Retrostil.

19 Thomas St. | tgl. mittags und abends

VON LIMERICK NACH GALWAY

- **Strecke: 166 km (3.30 Std. reine Fahrzeit)**
- **1.20 Std. mit dem Zug und 2.20 Std. mit dem Bus**
- **Poulnabrone Dolmen und The Burren Perfumery erreicht man nicht mit dem Bus**

BUNRATTY CASTLE

Eintritt

Imposantes Schloss mit vier quadratischen Türmen. Bemerkenswerte Möbel aus dem 15. und 16. Jh. Der Eintritt beinhaltet den Zugang zum **Folk Park**, einer Rekonstruktion des bäuerlichen Dorflebens.

CLIFFS OF MOHER

Parkgebühr

Ein Muss. 200 m hoch und ein außergewöhnliches Panorama. Entfliehen Sie den Menschenmassen auf dem 8 km langen Küstenpfad. Hier wurde eine Szene des sechsten Teils von *Harry Potter* gedreht.

THE IVY COTTAGE

Doolin

- Gartenterrasse an einem Bach.
- Fish & Chips, Muscheln aus der Gegend, Fischsuppe.

Fisher St. | tgl. 12–22, So bis 17 Uhr

THE BURREN SMOKEHOUSE

Lisdoonvarna

»Produzent von irischem Bioräucherlachs. Besichtigung, Verkostung und Laden. Führung kostenpflichtig, kostenlos ohne Führung.«

Kincora Rd | Mo–Sa 10–16 Uhr

POULNABRONE DOLMEN

Bemerkenswerter, 2 m hoher Dolmen. Der Fund vieler menschlicher Überreste deutet darauf hin, dass es sich um eine Grabstätte aus der Zeit um 3800–3200 v. Chr. handelt.

THE BURREN PERFUMERY

Carran

Im Herzen der irischen Landschaft gelegen, stellt diese Parfümerie u.a. Cremes, Seifen her und lässt sich dabei von der sie umgebenden Natur inspirieren.

Fahee North

 Die jeweiligen Öffnungszeiten finden Sie im Register ab S. 184.

TOUR
1
Oughterard
N 59
N 84
N 83
M 17
N 63
Galway
Athenry
M 6
Oranmore
N 65
Galway
Bay
N 67
M 18
Kinvarra
R 380
N 67
Aran Islands
Gort
Poulnabrone
Dolmen
The Burren
Perfumery
The Burren Smokehouse
Lisdoonvarna
R 353
Carran
Doolin
R 476
R 480
R 478
Leamaneh
R 460
M 18
Cliffs of Moher
R 458
N 461
N 85
Lahinch
Inagh
R 352
Ennis
R 474
R 465
N 67
M 18
N 68
N 471
N 18
Bunratty Castle
Shannon
Kilkee
Shannon
Kilrush
Limerick
N 69
Askeaton
N 69
N 21
N 20
Croom
Rathkeale
N 69
5
10 km

ETAPPE 6 GALWAY UND CONNEMARA

Tauchen Sie ein in das geschäftige Treiben von Galway, der trendigsten Stadt an der Westküste, lassen Sie sich von der Schönheit der Aran Islands verzaubern und entdecken Sie die spektakulären Landschaften von Connemara.

- **Ein Tag reicht aus, um Galway zu besuchen, und ein weiterer, um Connemara zu erkunden. Ein zusätzlicher Tag ermöglicht es Ihnen, die Atmosphäre Galways intensiver zu genießen oder die Aran Islands zu erkunden (siehe Tagesausflug S. 128).**

SEHENSWERTES

1. Galway
2. Connemara

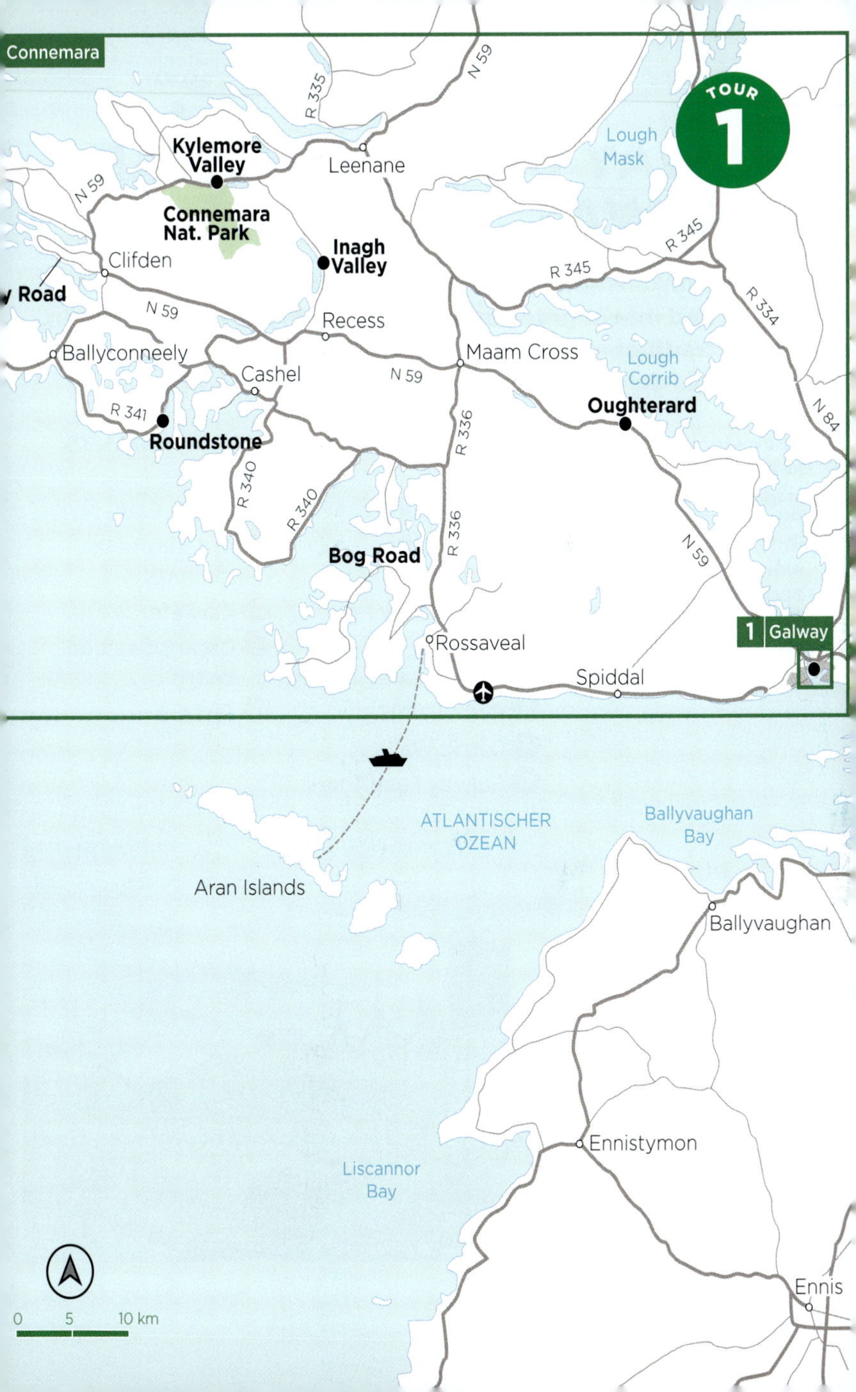

Connemara
TOUR 1
Lough Mask
N 59
R 335
Kylemore Valley
Leenane
Connemara Nat. Park
Inagh Valley
Clifden
Road
R 345
N 59
Recess
R 334
Ballyconneely
Maam Cross
Lough Corrib
Cashel
N 59
R 341
Roundstone
Oughterard
N 84
R 336
R 340
R 340
R 336
N 59
Bog Road
Rossaveal
1 Galway
Spiddal
ATLANTISCHER OZEAN
Ballyvaughan Bay
Aran Islands
Ballyvaughan
Ennistymon
Liscannor Bay
Ennis
0
5
10 km

GALWAY UND CONNEMARA

1 GALWAY

Galway ist unkonventionell, studentisch, farbenfroh, kosmopolitisch und macht gute Laune. Genießen Sie die alten Kneipen, in denen traditionelle Musik gemacht wird, die Restaurants und die Festivals der Stadt.

- **Schwierige Verkehrs- und Parksituation, teure Parkplätze in der Innenstadt, teilweise Fußgängerzone. Kostenlose Parkplätze am Rand der Stadt.**

HIGHLIGHTS

- A Latin Quarter
- B Church of St. Nicholas
- C Galway City Museum
- D Eyre Square
- E Red's Earl Hall
- F Corrib Walk
- G Galway Food Tours

RESTAURANTS

1. Jungle Café
2. Ard Bia at Nimmo's
3. Kai Cafe
4. Oscar's Seafood Bistro
5. Tartare

PUBS

6. Tig Cóili
7. Mc Swiggan's
8. Crane Bar
9. The Quays
10. Monroe's Tavern

TOUR 1
Kennedy Park
Eyre Square
Church of St. Nicholas
Lynch's Castle
Corrib Walk
Latin Quarter
Red's Earl Hall
Fish Market
Spanish Arch
Galway City Museum
Father Burke Park
South Park
Galway Bay
Corrib
Ceannt Station
Salmon Weir Bridge
WM O'Brien Bridge
Wolfetone Bridge
100 m

GALWAY HIGHLIGHTS

1 GALWAY

A LATIN QUARTER
Rund um die High St.

Kleine gepflasterte Straßen, bunte Geschäfte und Pubs – das Latin Quarter mit Relikten wie dem Spanish Arch, dem alten mittelalterlichen Stadttor, ist das pulsierende Herz von Galway.

B CHURCH OF ST. NICHOLAS

Die größte **Pfarrkirche** der Region wurde 1320 gegründet und im Laufe der Zeit von den wohlhabenden Kaufmannsfamilien Galways erweitert. Sie beherbergt den Grabstein eines Kreuzfahrers.

C GALWAY CITY MUSEUM
Eintritt

Dieses moderne **Museum** erzählt die Geschichte der Stadt vor dem Hintergrund irischer Musik. Interessante Sammlung von Objekten und Fotos und eine herrliche Aussicht von der obersten Etage!

D EYRE SQUARE

Kleiner **Park** im Herzen der Stadt, auch bekannt als Kennedy Park. Die Einwohner treffen sich hier gerne zum Picknick. Während der Mittagszeit und an den Wochenenden sehr belebt.

E RED'S EARL HALL
Druid Lane | gratis

Archäologische Stätte mit den Überresten des ältesten Gebäudes in Galway, das im 13. Jh. von den mächtigen anglonormannischen Grafen von Burgh als Zeichen ihrer Macht errichtet wurde.

F CORRIB WALK

Eine andere Seite von Galway! **Spaziergang** am Ufer des Corrib zur Salmon Weir Bridge und dem Wehr, das die Lachse zwischen Mai und September mithilfe einer Fischtreppe überwinden.

G GALWAY FOOD TOURS
www.galwayfoodtours.com

»Gourmet-Touren durch Galway, geführt von einer sympathischen Franco-Irin. Buchungen über die Website.«
Tgl.

 Die jeweiligen Öffnungszeiten finden Sie im Register ab S. 184.

TOUR
1

GALWAY RESTAURANTS

1 GALWAY

1 JUNGLE CAFÉ

- Cooles Café zum Brunch, Mittagessen oder Kaffee in einer Dschungelkulisse.
- Smoothies, Suppen, Kuchen, leckere Sandwiches!

29 Froster St. | tgl. 8–18.30, Sa, So ab 9 Uhr

2 ARD BIA AT NIMMO'S

- Bei den Einheimischen beliebtes Café-Restaurant. Ausgewählte und köstliche saisonale Küche.
- Hervorragender Brunch.

Spanish Arch, Long Walk | Mo, Di 10–15, Mi–So 10–15, 18–21 Uhr

3 KAI CAFE

- Nettes kleines Restaurant: schmackhaft, fröhlich und überraschend.
- Biologische und lokale Produkte und ein täglich wechselndes Menü.

22 Sea Rd | Di–Sa 11–16, 18–21.30 Uhr

4 OSCAR'S SEAFOOD BISTRO

- Eines der besten Fisch- und Meeresfrüchte-Restaurants in Galway.
- Ultrafrische Küche und sorgfältiger Service.

Dominick St. | Mo–Sa 17.30–21.30 Uhr

5 TARTARE

»Café und Weinstube. Produkte aus eigener Herstellung sowie Wurst und Käse aus der Region.«

56 Dominick St. Lower | Mo, Di 10–18, Mi–So 10–23.30 Uhr

GALWAY PUBS

1 GALWAY

TOUR 1

6 TIG CÓILI

- Eine Hochburg des *craic* (gute Stimmung)!
- Ein Pub, der mit traditioneller Musik die Massen anzieht.

Mainguard St. | Mi–Do 10.30–23.30, Fr, Sa 10.30–0.30, So 12.30–23 Uhr

7 MC SWIGGAN'S

- Hübscher Pub mit mehreren Bars und einem feinen Restaurant.
- Gemütliche Ecken, um ein cremiges Pint zu trinken.

3 Eyre St. | tgl. 12–22.30, Do–Sa bis 23 Uhr

8 CRANE BAR

- Der Pub ist bekannt für seine traditionelle Musik. Spontane Sessions in der Bar, im Obergeschoss Konzerte um 21.30 Uhr.

2 Sea Rd. | Mo–Fr 15–23.30, Sa, So 13–23.30 Uhr

9 THE QUAYS

- Galways berühmtester Pub mit origineller Einrichtung: Buntglasfenster, Kirchenorgel, gotische Bögen. (Bild unten)
- Viele Leute und jeden Abend Konzerte.

11 Quay St. | tgl. 12–23 Uhr

10 MONROE'S TAVERN

- Ein Pub in XXL-Größe, der am Wochenende überfüllt ist. Gute Pub-Küche, jeden Abend traditionelle Musik.

Dominick St. Upper | Mo–Fr 12–20, Sa, So 12–23 Uhr

ARAN ISLANDS

INIS MÓR, EIN ZWISCHENSTOPP IM ALTEN IRLAND

- **Anreise mit dem Boot von Rossaveal (40 km westl. von Galway auf der R 336, Busverbindung von Galway), April–Sept. drei, Okt.–März zwei Überfahrten tgl., 45–60 Min., www.aranislandferries.com**
- **Anreise mit dem Flugzeug vom Connemara Airport in Inverin (Shuttle von Galway), mehrere Flüge tgl., 7 Min. Flugzeit**
- **Inselbesichtigung zu Fuß, mit dem Fahrrad, der Kutsche oder dem Minibus von Kilronan, dem Ankunftshafen**

DIE INSEL MIT DEM FAHRRAD

Radfahren entlang der *boreens* (kleine Straßen), die von Steinmauern gesäumt sind, ist der beste Weg, um die Reize der Insel auf eigene Faust zu entdecken. Fahrradverleih in Kilronan.

INIS MÓR (INISHMORE)

Die größte der drei Inseln dieses isolierten Archipels, mit einer Länge von 13 km! Etwa 900 Seelen leben auf diesem kargen Stück Land, das durch seine Schönheit und Einsamkeit fasziniert: ein grünes Plateau mit steilen Klippen, Steinmauern, Wildblumen, weiß getünchten Häusern und jahrtausendealten Ruinen. Mondlandschaften, in denen man Robben, Schwäne, Enten und seltene Vögel sieht.

TEACH NAN PHAIDI

Kilmurvey

- Kleines Café in einem strohgedeckten Cottage mit Blumenfassade.
- Salate, Suppen, *stew* und hausgemachte Backwaren.

Tgl. 9–17, Sommer bis 18 Uhr

DÚN AENGUS (DÚN AONGHASA)

Eintritt

Die beeindruckendste prähistorische Festung der Insel, die etwa 1000 v. Chr. am Rande einer 80 m hohen Klippe errichtet wurde. Spektakuläre Aussicht auf die Klippen. Vorsicht an der Kante!

WORM HOLE (POLL NA BLÉIST)

Von Dún Aengus aus folgen Sie der Küste nach Süden (Richtung Gort na gCapall), um das »Loch« zu entdecken, ein natürliches Schwimmbecken, das bei Ebbe ein perfektes Rechteck bildet!

DÚN DÚCHATHAIR (DÚCHATHAIR)

Frei zugänglich

Ein anstrengender Weg führt zum »schwarzen Fort«, aber dann offenbaren sich Felsen und Mauerreste am Rande der Klippen, so weit das Auge reicht. Ein schöner und geheimnisvoller Ort!

 Die jeweiligen Öffnungszeiten finden Sie im Register ab S. 184.

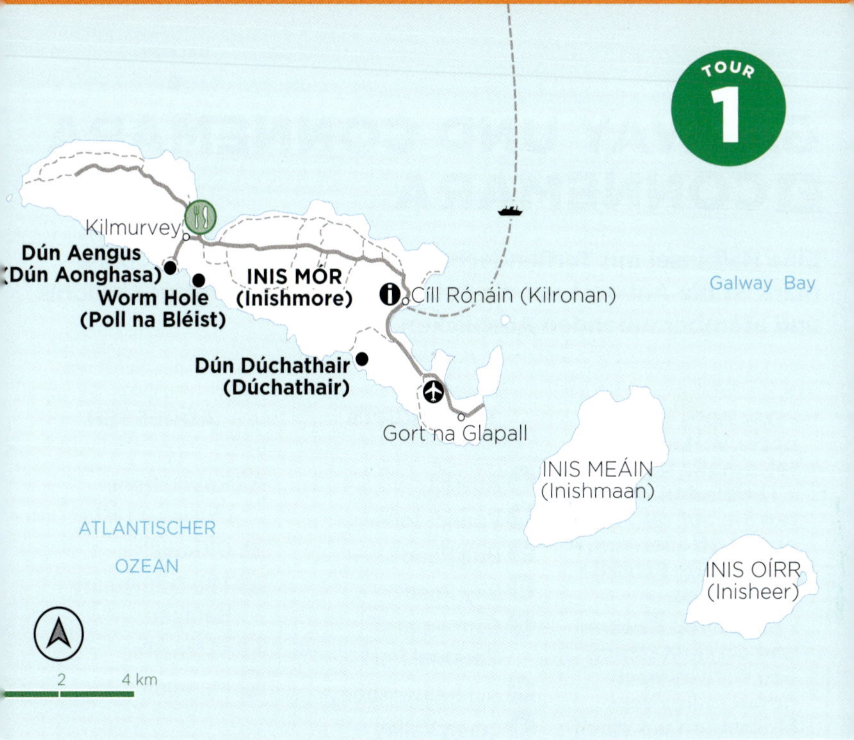
TOUR
1
Kilmurvey
Dún Aengus
(Dún Aonghasa)
Worm Hole
(Poll na Bléist)
INIS MÓR
(Inishmore)
Cíll Rónáin (Kilronan)
Galway Bay
Dún Dúchathair
(Dúchathair)
Gort na Glapall
INIS MEÁIN
(Inishmaan)
ATLANTISCHER
OZEAN
INIS OÍRR
(Inisheer)
2
4 km

GALWAY UND CONNEMARA

2 CONNEMARA

Eine Halbinsel mit Torflandschaften, Seen und Bergen. Connemara ist die Antwort auf die Sehnsucht nach großartiger Wildnis und atemberaubenden Ausblicken.

- **Das Auto ist das beste Verkehrsmittel, um die Region zu erkunden. Achten Sie auf die engen Straßen und die Schafe. Schilder auf Gälisch.**
- **Busse von Éireann und Citylink fahren von Galway nach Connemara; Verbindungen u.a. nach Roundstone, Clifden und Letterfrack**

HIGHLIGHTS

- A Ausritt
- B Roundstone
- C Bog Road
- D Sky Road
- E Connemara National Park
- F Kylemore Abbey
- G Inagh Valley

ADRESSEN

1. Roundstone Music & Crafts
2. O'Dowd's
3. The Connemara Hamper
4. Mitchell's
5. Mannion's Bar

TOUR
1
Lough Mask
Leenane
N 59
R 335
F Kylemore Abbey
Connemara Nat. Park
E
Inagh Valley
G
D
Clifden
y Road
3 4 5
CONNEMARA
N 59
Recess
R 345
R 345
R 334
Ballyconneely
Cashel
N 59
Maam Cross
Lough Corrib
Oughterard
A
N 84
R 341
Roundstone
B 1 2
R 336
R 340
R 340
R 336
Bog Road
C
N 59
TLANTISCHER
OZEAN
Rossaveal
Spiddal
Galway
Ballyvaughan Bay
Aran Islands
Ballyvaughan
Ennistymon
Liscannor Bay
Ennis
5
10 km

GALWAY HIGHLIGHTS

2 CONNEMARA

A AUSRITT

Oughterard

Das Knockillaree Riding Centre bietet Ausritte auf Connemara-Pferden oder -Ponys an den Ufern des Corrib-Sees oder in den Bergen an: connemara horseriding.com.

B ROUNDSTONE

Postkartenhafen mit bunten Häusern, Langustenfängern und *curraghs*, traditionellen Booten. 3 km entfernt liegt der schöne Strand von Dog's Bay mit weißem Sand und türkisfarbenem Wasser.

C BOG ROAD

R 341

Durchqueren Sie ein beeindruckendes Moor (*bog*) – eine Heidelandschaft, die Connemara die charakteristische Schönheit verleiht. Der Nebel trägt zur Magie der Landschaft bei.

D SKY ROAD

Von Clifden aus

Die 12 km lange Schleife bietet atemberaubende Ausblicke auf die Küste und die Inseln. Ein unvergesslicher Ausflug zwischen Himmel und Meer – zu Fuß, mit dem Fahrrad oder dem Auto.

E CONNEMARA NATIONAL PARK

Besucherzentrum in Letterfrack

2000 ha Berglandschaft, Moore, Heide, Wiesen, Wälder und Flüsse. Am Besucherzentrum gibt es Picknickplätze, eine Ausstellung über die Flora und Fauna von Connemara, und die Gelegenheit, Connemara-Ponys näherzukommen. Auch vier markierte Wanderwege (leicht bis schwer, 500 m bis 7 km) beginnen dort, auf denen man den Diamond Hill erklimmen kann. Von oben haben Sie einen herrlichen Ausblick!

F KYLEMORE ABBEY

Eintritt

Initten der Berge liegt ein viktorianisches Herrenhaus, das 1920 in eine Abtei und ein Mädchenpensionat umgewandelt wurde und dessen Silhouette sich im See spiegelt. Märchenhaft!

G INAGH VALLEY

R 344

Die Straße schlängelt sich zwischen den Mautmurk Mountains und den Twelve Bens, den 12 mythischen Gipfeln von Connemara, hindurch und überragt die rote Heide und die Seen. Bezaubernd!

 Die jeweiligen Öffnungszeiten finden Sie im Register ab S. 184.

GALWAY ADRESSEN

2 CONNEMARA

1 ROUNDSTONE MUSIC & CRAFTS

• In der Werkstatt wird die berühmte *bodhràn* hergestellt, eine traditionelle Trommel aus Ziegenfell.

The Monastery, Roundstone | tgl. 10–18 Uhr, Nebensaison So geschl.

2 O'DOWD'S

• Seafood-Bar mit Austern, Muscheln und Fischsuppe.
• Atmosphäre eines alten Pubs gegenüber vom kleinen Hafen.

High St., Roundstone | So–Do 10–23, Fr, Sa 10–0.30 Uhr

3 THE CONNEMARA HAMPER

• Lebensmittelgeschäft mit lokalen Produkten.
• Räucherlachs aus Connemara, Käse vom Bauernhof, Marmeladen.

Lower Market St., Clifden | Mo–Sa 9.30–18, Juli, Aug. auch So 12–18 Uhr | (Bild unten)

4 MITCHELL'S

• Für ein Sandwich am Mittag oder ein raffiniertes Abendessen: Fisch, Meeresfrüchte, *Irish stew*.
• Eleganter und gemütlicher Rahmen.

Market St., Clifden | März–Okt. tgl. 12–22 Uhr

5 MANNION'S BAR

• Bar-Food und Konzerte.
• Traditionelle Musik jeden Abend in der Saison (Fr, Sa außerhalb der Saison).

Market St., Clifden | Mi–Fr 12–20, Sa 12–21, So 12–18 Uhr

VON GALWAY NACH DUBLIN

- **Strecke: 228 km (3 Std. reine Fahrzeit)**
- **Zug nach Athlone und Dublin**
- **Clonmacnoise Abbey wird nicht vom Bus bedient**

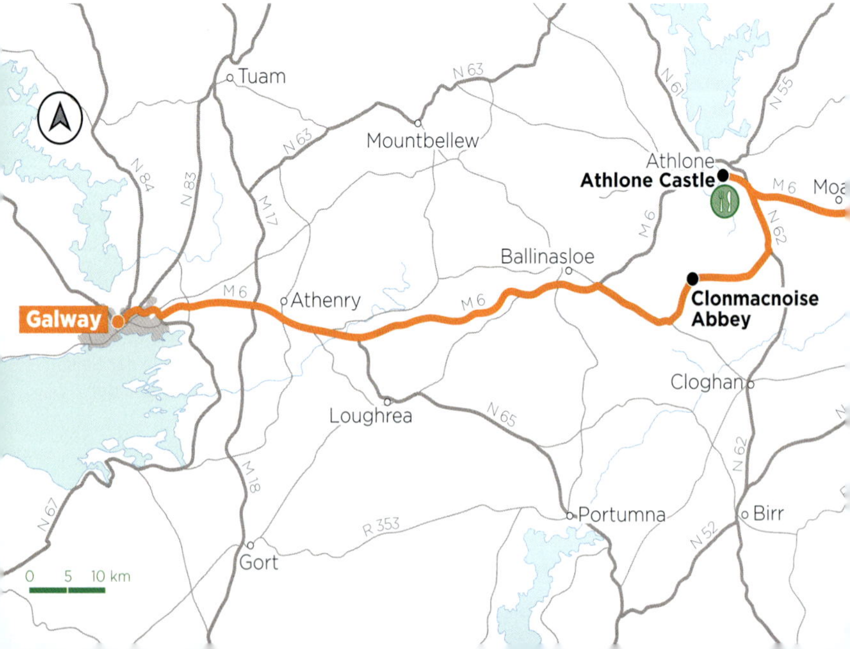

TOUR 1

CLONMACNOISE ABBEY
Eintritt

Die wichtigste Klosteranlage des mittelalterlichen Irland, gegründet im 6. Jh. vom hl. Ciarán. Beeindruckende Relikte (Kathedrale, Kirche, Türme, Hochkreuze) in einer wunderschönen Umgebung. (Bild links)

ATHLONE CASTLE
Eintritt

Die Burg wacht seit dem 13. Jh. über den Shannon. Eine Ausstellung erzählt die bewegte Geschichte mit einer 360°-Projektion, die den Besucher mitten in die Belagerung von 1691 katapultiert.

THE LEFT BANK BISTRO
Athlone

- Nur ein paar Schritte von der Burg entfernt.
- Salat mit Garnelen, Sandwich mit geräuchertem Schinken.

Fry Place | Di–Sa 10.30–21.30 Uhr

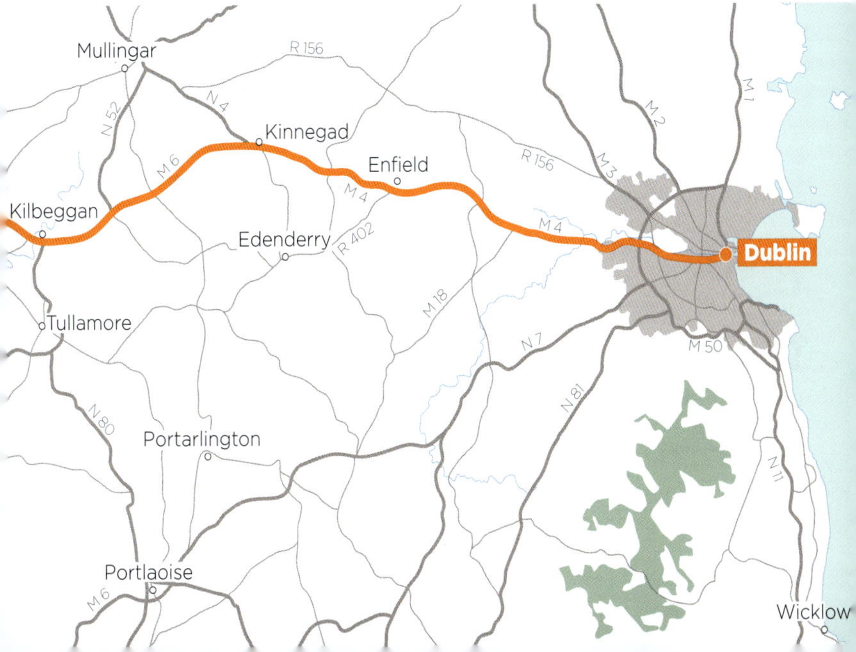

BELFAST — BALLYCASTLE — LONDONDERRY — LETTERKENNY — ENNISKILLEN — BELFAST

NORDIRLAND
RUNDREISE VON BELFAST AUS

TOUR 2

Historische Städte voller Energie, bezaubernde Landschaften und romantische Schlösser diesseits und jenseits der Grenze in fünf Etappen.

1 Belfast

Pubs, Kultur und Party
1–2 Tage

2 Ballycastle

An der herrlichen Causeway Coast
1–2 Tage

3 Londonderry

Historisch, studentisch und kulturell
1–2 Tage

4 Letterkenny

Das Tor zum wilden Donegal
1 Tag

5 Enniskillen

Zwischen Seen, Wäldern und Schlössern
1 Tag

sechs Tagesausflüge

• **Von Belfast:** Castle Ward und Mount Stewart • **Von Ballycastle:** Rathlin Island • **Von Londonderry:** Inishowen-Halbinsel • **Von Letterkenny:** Glenveagh National Park; Halbinseln Fanad und Rosguill

ETAPPE 1 BELFAST

VOM FLUGHAFEN INS ZENTRUM

Bus Airport Express 300: Der Pendelbus fährt alle 15–30 Min. vom International Airport ins Stadtzentrum. Endstation: Europa Bus Centre (Belfasts wichtigster Busbahnhof).
Taxi: Rechnen Sie mit 35–40 Min. Fahrzeit.

UNTERWEGS IN BELFAST

Zu Fuß: Die Entfernungen zwischen den wichtigsten Sehenswürdigkeiten sind überschaubar, es gibt viele Fußgängerzonen.
Mit dem Fahrrad: Über die Stadt verteilt gibt es mehr als 30 Verleihstationen mit Selbstbedienung. Vorsicht vor dem Verkehr!
Mit dem Bus: rosafarbene Metro-Stadtbusse. Preis je nach Anzahl der Haltestellen. Die Busse 69, 70 und 71 fahren zur Queen's University, zum Ulster Museum und zu den Botanic Gardens.
Mit dem Auto: Im Stadtzentrum wird dringend davon abgeraten. Kostenpflichtige und seltene Parkplätze (Parkscheinautomaten), teure Parkhäuser. Kostenlos parkt man im Universitätsviertel.
Mit dem Taxi: In Belfast gibt es zwei Arten von Taxis. Normale Taxis und *black cabs* (schwarze Taxis wie in London), die nur die katholischen und protestantischen Viertel am Stadtrand bedienen: Wählen Sie ein schwarzes Taxi, um nach West Belfast zu gelangen. Haltestelle am Donegall Square East. Value Cabs: www.valuecabs.co.uk

SEHENSWERTES

Einen guten Überblick bekommt man an einem Tag. Rechnen Sie mit 30 Min. Fußweg zur St. Anne's Cathedral von der Queen's University aus.
Belfast ist eine sichere Stadt für Touristen. Vermeiden Sie es jedoch, nachts im Bereich der Friedensmauer in West Belfast zu Fuß unterwegs zu sein. Die *murals* können Sie problemlos fotografieren, die Einwohner sollte man jedoch vorher um Erlaubnis fragen.

RESERVIERUNGEN

Für die »Erlebniswelt« **Titanic Belfast** ist in der Hauptsaison eine Reservierung zwingend erforderlich. Kaufen Sie die Tickets online unter titanicbelfast.com, um nicht lange anstehen zu müssen.

NÜTZLICHE ADRESSEN

Im **Visit Belfast Welcome Center** (9 Donegall Square North) gibt es Infos über ganz Nordirland. Man kann geführte Wanderungen buchen und den Belfast Visitor Pass (Ermäßigung für Museen und ÖPNV) oder Eintrittskarten für Veranstaltungen kaufen.

BELFAST

Belfast ist geprägt von jahrzehntelangen Konflikten – und eine liebenswerte Stadt. Lebendige Pubs, kulturelle Glanzlichter, politische *murals* – in der kleinen Hauptstadt Nordirlands ist es unmöglich, sich zu langweilen!

HIGHLIGHTS

- A City Hall
- B St. George's Market
- C St. Anne's Cathedral
- D Crumlin Road Gaol
- E Titanic Belfast
- F Queen's University
- G Ulster Museum und Botanic Gardens
- H Belfast Gin Tour

MURALS

- Geschichte der *murals*
- *Mural*-Tour mit dem Taxi
- I West Belfast
- J East Belfast

RESTAURANTS

1. Maggie Mays
2. West
3. The French Village
4. Bootleggers
5. Town Square
6. The Ox
7. Edō
8. Made in Belfast
9. Mourne Seafood Bar

PUBS & AUSGEHEN

10. Kelly's Cellar
11. Bittles Bar
12. McHugh's
13. The John Hewitt
14. The Duke of York
15. Crown Liquor Saloon
16. The MAC
17. The Black Box
18. The Limelight

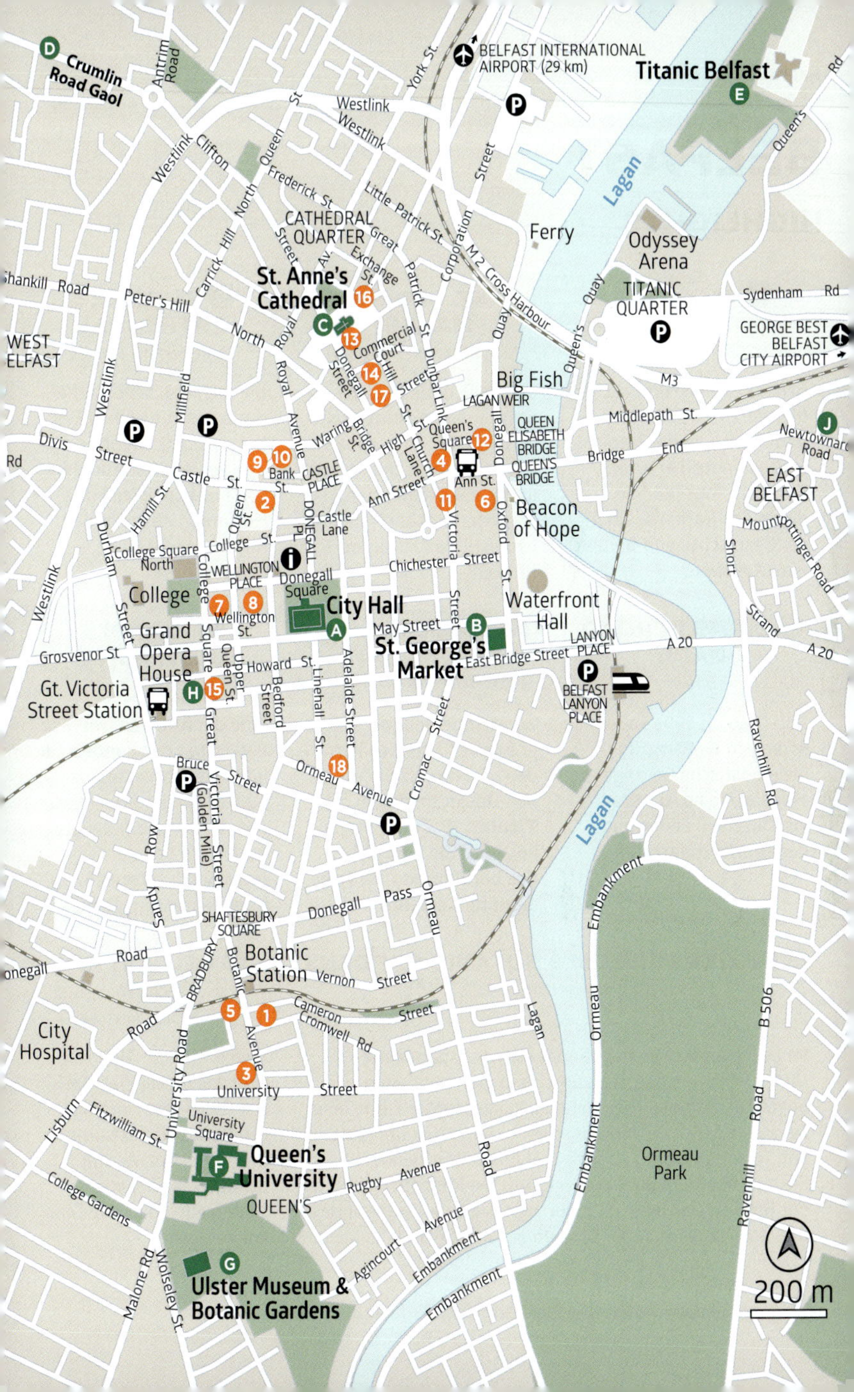

Crumlin Road Gaol
Antrim Road
BELFAST INTERNATIONAL AIRPORT (29 km)
Titanic Belfast
York St.
Westlink
Clifton
Queen
Frederick St
Little Patrick St.
Street
Lagan
CATHEDRAL QUARTER
Great Patrick St
Corporation
M2 Cross Harbour
Ferry
Odyssey Arena
Queen's
Exchange St.
St. Anne's Cathedral
Quay
TITANIC QUARTER
Sydenham Rd
Shankill Road
Peter's Hill
Carrick Hill
North
Av.
North St.
Royal
Commercial Court
Hill
Street
Donegall Street
Dunbar Link
Big Fish
LAGAN WEIR
GEORGE BEST BELFAST CITY AIRPORT
WEST BELFAST
M3
Millfield
Westlink
Avenue
Waring St.
Bridge St.
High St.
Church Lane
Queen's Square
Donegall Quay
QUEEN ELISABETH BRIDGE
QUEEN'S BRIDGE
Middlepath St.
Newtownards Road
Divis Street
Rd
Castle St.
Bank St.
CASTLE PLACE
Ann Street
Ann St.
Bridge End
EAST BELFAST
Hamill St.
Queen St.
DONEGALL PL
Castle Lane
Victoria
Oxford
Beacon of Hope
Mountpottinger Road
Durham
College Square North
College St.
WELLINGTON PLACE
Chichester Street
Short
College
Donegall Square
City Hall
Waterfront Hall
Strand
Street
Wellington St.
May Street
Street
Grand Opera House
St. George's Market
LANYON PLACE
A 20
A 20
Grosvenor St
Upper Queen St.
Howard St.
Linehall St.
Adelaide Street
East Bridge Street
BELFAST LANYON PLACE
Gt. Victoria Street Station
Great
Bedford Street
Cromac Street
Ravenhill Rd
Bruce Street
Ormeau Avenue
Victoria Street (Golden Mile)
Lagan
Sandy Row
Embankment
Ormeau
SHAFTESBURY SQUARE
Donegall Pass
Road
Donegall
BRADBURY
Botanic
Botanic Station
Vernon Street
Cameron Street
Cromwell Rd
Lagan
Ormeau
B 506
City Hospital
Road
Avenue
University Road
University Street
Lisburn
Fitzwilliam St.
University Square
Queen's University
QUEEN'S
Rugby Avenue
Road
Embankment
Ormeau Park
Road
Ravenhill
College Gardens
Agincourt Avenue
Embankment
Embankment
Malone Rd
Wolseley St.
Ulster Museum & Botanic Gardens
200 m

BELFAST

HIGHLIGHTS

A CITY HALL

Donegall Square | Eintritt frei

Grandioses viktorianisches Monument, dessen Kuppel und Säulen an das Kapitol in Washington erinnern. Geführte Tour (45 Min.) durch das Rathaus, um in die Geschichte von Belfast einzutauchen.

B ST. GEORGE'S MARKET

12–20 E. Bridge St. | Fr–So 8–17 Uhr

Lokale Produkte, gute Stimmung und eine große Auswahl für den schnellen Imbiss zwischendurch. In der viktorianischen Markthalle brodelt das Leben. Eine Attraktion für sich!

C ST. ANNE'S CATHEDRAL

Donegall St. | Eintritt

Die anglikanische Kathedrale aus dem Jahr 1899 bekam 2007 eine beeindruckende Skulptur, den *spire of hope* (Pfeil der Hoffnung). In ihr finden Konzerte und Liederabende statt.

D CRUMLIN ROAD GAOL

Eintritt

Von 1846 bis 1996 saßen in diesem **Gefängnis** viele politische Gefangene. Man kann eine Arztpraxis, Duschen, Zellen und den Hinrichtungsraum besichtigen.

E TITANIC BELFAST

1 Olympic Way | Eintritt | Reservierung in der Saison!

Gondelflug, Videos, Hologramme: In der schillernden »Erlebniswelt« an den Docks, an denen die **Titanic** 1912 vom Stapel lief, wird die Geschichte des berühmten Passagierdampfers erzählt.

F QUEEN'S UNIVERSITY

University Road

Eine der ältesten Universitäten des Landes! Sie ist wegen ihrer Backsteinarchitektur nicht zu übersehen und hat viele berühmte Schüler wie etwa den Literaten Seamus Heaney ausgebildet.

G ULSTER MUSEUM & BOTANIC GARDENS

Stranmillis Road | gratis

Im Universitätsviertel befindet sich das spannende Ulster Museum, das Groß und Klein gleichermaßen begeistert: Dinosaurierskelette, ausgestopfte Tiere, eine ägyptische Mumie und Kunstwerke wie etwa Gemälde von Turner in einem 23 m hohen Atrium! Schlendern Sie anschließend über die weitläufigen Rasenflächen der Botanic Gardens mit zwei hübschen viktorianischen Gewächshäusern voller Blumen aus aller Welt.

H BELFAST GIN TOUR

tasteandtour.co.uk

Eine originelle Aktivität für Fans dieses Getränks. Die Tour führt zu mehreren Bars und Restaurants und dauert etwa drei Stunden, wobei man sieben verschiedene Gins kennenlernt!

 Die jeweiligen Öffnungszeiten finden Sie im Register ab S. 184.

BELFAST

MURALS

TOUR 2

GESCHICHTE DER *MURALS*

In Belfast ist die Geschichte an jeder Straßenecke spürbar. Hunderte von *murals* (Wandmalereien) aus der Zeit des Nordirlandkonflikts zeugen von den Auseinandersetzungen, die fast 30 Jahre lang zwischen republikanischen Katholiken und unionistischen Protestanten herrschten. Diese politischen *murals*, Ausdrucksmittel und Propagandawerkzeug beider Seiten, stehen neben denen über Sport, Geschichte oder internationale Politik.

MURAL-TOUR MIT DEM TAXI

www.tinytours.com
www.niblacktaxitours.com

Die Tour kann zwar auch zu Fuß gemacht werden, aber am besten versteht man die Geschichte bei einer Fahrt mit einem *black cab*, einem der berühmten schwarzen Taxis von Belfast. Der Fahrer und Reiseleiter führt Sie an den berühmtesten Wandmalereien von West Belfast vorbei (Möglichkeit zum Fotografieren), wobei Sie auch zur Friedensmauer kommen. Die englischsprachige Tour dauert rund 90 Min.

I WEST BELFAST

Zahlreiche *murals* in den ehemaligen Arbeitersiedlungen, entlang der Falls Road (katholisches Viertel) und der Shankill Road (protestantisches Viertel). Die Friedensmauer (*peace line*), die ihren Namen zu Unrecht trägt, trennt die beiden Seiten noch immer voneinander (Cupar Way). Kilometerlange Wandmalereien bedecken diese »Berliner Mauer« und die Giebel der kleinen roten Backsteinhäuser. Berühmtes Wandgemälde von Bobby Sands (51 Falls Rd.), der 1981 in den Hungerstreik trat.

J EAST BELFAST

Zahlreiche *murals* rund um die Newtownards Road, darunter das zum Gedenken an die Titanic (Ecke Dee St.) und das Wandbild von C. S. Lewis, Autor von *Die Chroniken von Narnia* (Convention Court).

BELFAST

RESTAURANTS

1 MAGGIE MAYS

»Die Kantine der Einheimischen, eine gute Adresse für ein schnelles Mittagessen oder einen Milchshake.«

50, Botanic Av. | Mo–Fr 8–21.30, Sa, So 9–22.30 Uhr

2 WEST

- Perfekt für ein schnelles Mittagessen.
- Gourmet-Sandwich-Bar.

28 Castle St. | Mo–Fr 10–12, 14–16 Uhr

3 THE FRENCH VILLAGE

- Café und Bistro-Küche.
- Gute Atmosphäre, super für einen Brunch!

99 Botanic Av. | Mo–Fr 7.30–22, Sa 9–22, So 9–18 Uhr

4 BOOTLEGGERS

- Küche Typ »American Diner«.
- Freundliche und gemütliche Atmosphäre.

46 Church Lane | Mo–Do 12–21.30, Fr, Sa 12–22, So 13–21 Uhr

5 TOWN SQUARE

- Gemütliche Bar, europäische Küche, ausgezeichneter Kaffee.
- Ihre *sweet potatoe fries* sind köstlich!

45 Botanic Ave. | Mo–Fr 7–22, Fr bis 23, Sa 8–23, So 8–22 Uhr

6 THE OX

»Schicke und gemütliche Adresse für ein außergewöhnliches Abendessen am Ufer des Lagan.«

1 Oxford St. | Mi 18–21.30, Do–Sa 12–14.30, 18–21.30 Uhr

7 EDŌ

- Europäische Küche mit hispanischem Einfluss.
- Casual-Chic-Rahmen, gute Weinauswahl.

3 Capital House Unit 2 Upper Queen St. | Di–Sa 12–21.30 Uhr

8 MADE IN BELFAST

- Hübsche, schräge Vintage-Deko.
- Ausgezeichnete und schmackhafte lokale Küche. Reservierung!

4 Wellington St. | Do–Di 10–14, 18–22 Uhr | © 28 95458120

9 MOURNE SEAFOOD BAR

- Fisch und Schalentiere.
- Die *seafood chowder* (Fischsuppe) ist ein Genuss!

34–36 Bank St. | Mi, Do 17–21.30, Fr, Sa 12–16, 17–22, So 13–21 Uhr

TOUR 2

BELFAST

PUBS & AUSGEHEN

10 KELLY'S CELLAR

»Einer der ältesten Pubs der Stadt, in dem zu traditioneller Musik getanzt wird (Di–Do 20.30, Sa 16.30 Uhr).«
30–32 Bank St. | Mo–Sa 11.30–1, So 13–24 Uhr

11 BITTLES BAR

- Traditioneller viktorianischer Pub, der 1868 gegründet wurde.
- Große Auswahl an Whiskeys (irisch) und Whiskys (schottisch).

103 Victoria St. | Mo–Sa 11–1, So 11–24 Uhr | Kein Essen

12 MCHUGH'S

- Gemütlicher Pub mit Kaminfeuer.
- Befindet sich in einem der ältesten Gebäude der Stadt.

29–31 Queen's Sq. | tgl. 12–1 Uhr

13 THE JOHN HEWITT

- Ausgezeichnete Livemusik (Folk & Jazz) an sechs Abenden pro Woche.
- Kunstausstellungen jeden Monat.

51 Donegall St. | Mo–Fr 11.30–1, Sa 12–1, So 19–24 Uhr

14 THE DUKE OF YORK

- In einer der beliebtesten Straßen der Stadt.
- Sehr große Auswahl an lokalen Bieren.

7-11 Commercial Court | Mo 11.30–23, Di–Sa 11.30–1, Sa bis 2, So 15–21 Uhr | kein Essen

15 CROWN LIQUOR SALOON

- Belfasts berühmtester Pub mit prächtiger viktorianischer Einrichtung.
- Ein Muss: Trinken Sie ein Pint in einer der Nischen!

46 Great Victoria St. | Mo 12.30–23.30, Di–Fr 11.30–23.30, Sa, So 11.30–0.30 Uhr

16 THE MAC

- Mit Shows und Konzerten ein idealer kultureller Ausflug in die Stadt.
- Tolle Architektur, Möglichkeit, etwas zu essen.

10 Exchange St. West | Mi–So 9–17 Uhr, bei Veranstaltungen bis spät in der Nacht

17 THE BLACK BOX

- Im Herzen des Cathedral Quarter, das abends sehr belebt ist.
- Auftritte von lokalen Künstlern.

18-22 Hill St. | Mi–Fr 10 Uhr bis spät in der Nacht, Sa, So 12 Uhr bis spät in der Nacht

18 THE LIMELIGHT

- Für die großen Bands, die dort spielen, ein ganz besonderer Pub.
- Alternativer Club, Rock, perfekt zum Tanzen!

17 Ormeau Av. | Mo–Sa 12–2 Uhr

CASTLE WARD

AUF DEN SPUREN VON *GAME OF THRONES*

- **145 km lange Schleife. A24, dann A7 bis Downpatrick**
- **Mit dem Bus nach Downpatrick, dort umsteigen nach Strangford mit Halt in Castle Ward. Fahrpläne nachprüfen!**

INCH ABBEY

Inch Abbey Road, Downpatrick | gratis

Die ehemalige gotische Abtei, die heute eine Ruine ist, liegt am Ufer der Quoile und bietet einen herrlichen Blick auf die Kathedrale von Downpatrick (die Kathedrale der Heiligen Dreifaltigkeit von Down). Die Abtei ist ein mysteriöser Ort inmitten der Landschaft. Hier wurde eine wichtige Szene aus *Game of Thrones* gedreht, in der Rob Stark zum »King in the North« ausgerufen wird. Ein sehr schöner Ausflug!

CASTLE WARD

Park Road, Strangford | Eintritt

Großes Schloss aus dem 18. Jh., das am Ufer des Lough Strangford errichtet wurde. Der riesige Park bietet viele Möglichkeiten für Spaziergänge, Radtouren und Ausritte am Wasser und in den Wäldern. Das Unterholz ist im Frühling mit Bluebells (Waldhyazinthen) übersät – ideal für Fotos! Castle Ward diente als Kulisse für die berühmte Burg Winterfell in der Serie *Game of Thrones*.

DENVIR'S

Downpatrick

- Gemütliches Ambiente mit großem Kaminfeuer.
- Ausgezeichnete Bistroküche mit hausgemachtem Kartoffelpüree!

14–16 English St. | Mo–Mi 8–23, Do–So 8–1, So bis 24 Uhr

TOLLYMORE FOREST

Parkgebühr

Waldpark am Eingang bei den Mourne Mountains, schöne Aussicht auf das Meer und die Stadt Newcastle. Die Auswahl an Wanderwegen ist groß. Zahlreiche Möglichkeiten für Outdoor-Aktivitäten, die von dem Tollymore National Outdoor Centre organisiert werden. Der Park war auch Drehort für die Serie *Game of Thrones*, insbesondere mit einer der vielen Brücken über den Fluss Shymna.

 Die jeweiligen Öffnungszeiten finden Sie im Register ab S. 184.

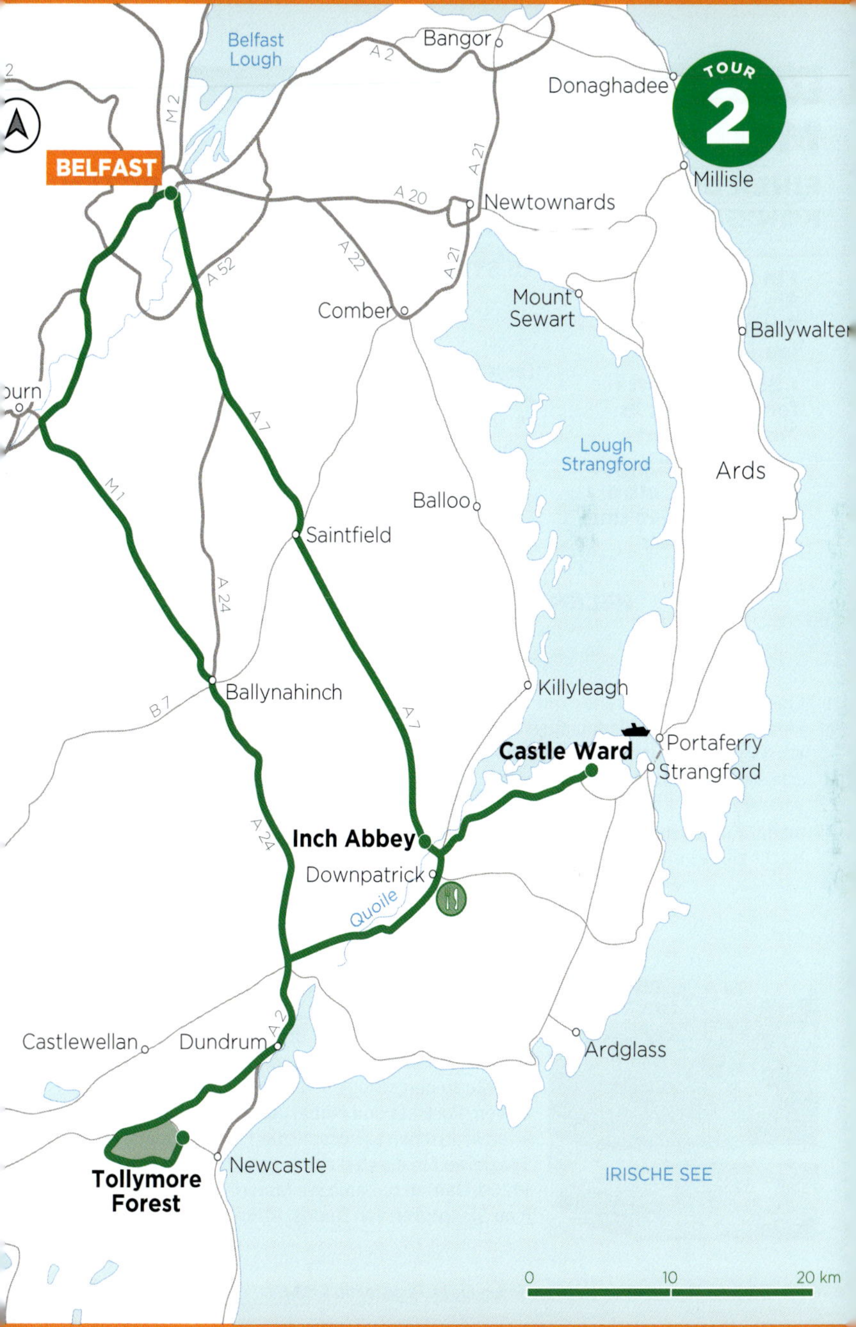

TOUR 2
Belfast Lough
Bangor
A 2
Donaghadee
M 2
BELFAST
Millisle
A 21
A 20
Newtownards
A 52
A 22
A 21
Comber
Mount Sewart
Ballywalter
A 7
Lough Strangford
Ards
M 1
Balloo
Saintfield
A 24
Ballynahinch
Killyleagh
B 7
A 7
Portaferry
Castle Ward
Strangford
A 24
Inch Abbey
Downpatrick
Quoile
Castlewellan
Dundrum
A 2
Ardglass
Newcastle
Tollymore Forest
IRISCHE SEE
0
10
20 km

MOUNT STEWART

EINER DER SCHÖNSTEN GÄRTEN DES VEREINIGTEN KÖNIGREICHS

- **In Belfast nehmen Sie die M 3 nach Bangor, 65 km lange Schleife**
- **Bus nach Portaferry mit Halt in Mount Stewart**
- **Zug nach Bangor mit Halt in Cultra für die Museen und in Helen's Bay**

ULSTER FOLK AND TRANSPORT MUSEUM

153 Bangor Rd., Cultra | Eintritt

Diese beiden großen **Museen für Folklore und Verkehr** ermöglichen eine Reise durch das Nordirland des 19. Jhs. In einem 25 ha großen Park wird ein Dorf nachgebildet mit Cottages, Bauernhäusern, Kirche, Schule, Läden und Komparsen in historischen Kostümen. Sehenswert: eine der größten Sammlungen von Transportmitteln in Europa (Kutschen, Straßenbahnen, Oldtimer) und eine Ausstellung mit den Originalplänen der Titanic!

HELEN'S BAY

Bangor

Eine Reihe großer Strände mit weißem Sand und Felsen, ideal für einen Familienausflug! Die Gegend wird an den Wochenenden von Einheimischen frequentiert, denn an schönen Tagen kann man hier baden. Wer sich die Beine vertreten will, kann auf dem North Down Coastal Path an der Küste entlang bis nach Bangor wandern. An der Bucht gibt es ein Café, in dem man sich stärken kann.

MOUNT STEWART HOUSE & GARDENS

Portaferry Rd., Newtownards | Eintritt

Am Ufer des Strangford Lough liegt ein luxuriöses Herrenhaus aus dem 19. Jh. mit seinen prächtigen Gärten, die zu den schönsten des Vereinigten Königreichs zählen. Porträts und Möbel aus der Epoche zeichnen den aristokratischen Lebensstil der Familie Stewart nach. Spazieren Sie durch die Anlagen, die Lady Edith in den 1920er-Jahren hat anlegen lassen. Auf der Terrasse sieht man Skulpturen von Dodos, Affen und Dinosauriern.

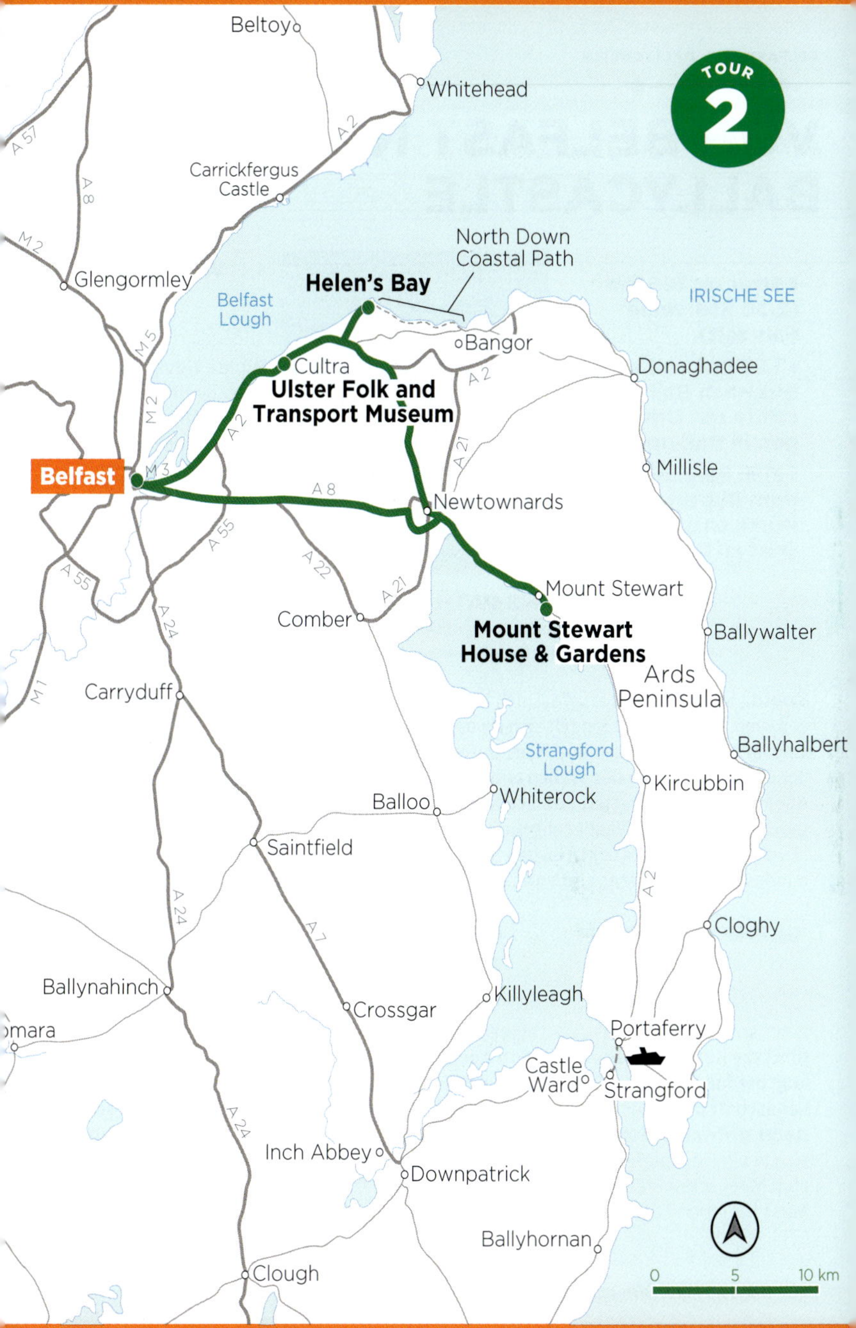

TOUR 2
Beltoy
Whitehead
A 2
A 57
A 8
Carrickfergus Castle
M 2
North Down Coastal Path
Glengormley
Helen's Bay
Belfast Lough
IRISCHE SEE
M 5
Bangor
Cultra
Donaghadee
Ulster Folk and Transport Museum
A 2
M 2
A 2
A 21
Millisle
Belfast
M 3
A 8
Newtownards
A 55
A 22
A 55
Mount Stewart
A 21
Comber
Mount Stewart House & Gardens
Ballywalter
A 24
Ards Peninsula
Carryduff
M 1
Strangford Lough
Ballyhalbert
Kircubbin
Balloo
Whiterock
Saintfield
A 2
A 24
A 7
Cloghy
Ballynahinch
Killyleagh
Crossgar
Portaferry
Castle Ward
Strangford
A 24
Inch Abbey
Downpatrick
Ballyhornan
Clough
0
5
10 km

VON BELFAST NACH BALLYCASTLE

- **Strecke: 105 km (2.30 Std. reine Fahrzeit)**
- **1.55 Std. mit dem Bus nach Ballycastle mit Umsteigen in Ballymena**
- **Man kann mit dem Bus an der Küste entlang von Dorf zu Dorf fahren**

WHITEHEAD

»Bunte Häuser und eine hübsche Strandpromenade – Whitehead ist bezaubernd. Weiten Sie den Spaziergang noch aus, um die Aussicht vom Blackhead Lighthouse zu genießen.«

THE GOBBINS PATH

Besucherzentrum in Ballystrudder | Eintritt
www.thegobbinscliffpath.com

Spektakulärer Küstenpfad, der 1902 in den Fels gehauen wurde. Er schlängelt sich an den Klippen entlang, überquert Brücken und führt durch Höhlen, in denen das Rauschen der Wellen widerhallt. Ein kleines Abenteuer in Gesellschaft von Seevögeln und Papageientauchern. Geführte Wanderung nur in kleinen Gruppen (2.30 Std. hin und zurück). Buchen Sie Ihr Ticket online mindestens einen Monat im Voraus.

GLENS OF ANTRIM

Von Larne nach Ballycastle führt die Küstenstraße entlang der fabelhaften wilden Landschaft der Glens, **neun grünen Tälern**, die sich in ein Hochplateau bis zum Meer schneiden. Ein Muss für jeden Fotografen!

BLACKTHORN AND WILLOW

Glenarm

»Eine außergewöhnlich gute Adresse. Hervorragende regionale Produkte, Kunsthandwerk und ein gemütliches Café.«

2 Castle St. | März–Weihnachten Fr, Sa 11–17, So 14–17 Uhr

TORR HEAD SCENIC ROAD

Nach dem hübschen Dorf Cushendun beginnt **eine der schönsten Panoramastraßen** Irlands. Man hat einen atemberaubenden Blick auf die beiden Kaps Torr Head und Fair Head!

 Die jeweiligen Öffnungszeiten finden Sie im Register ab S. 184.

TOUR
2
Rathlin
Island
Chaussée
des Géants
Carrick-a-Rede
Ballycastle
Bushmills
Torr Head
Scenic Road
A 2
Coleraine
Cushendun
A 26
Ballymoney
A 44
ANTRIM
A 26
Glens
of Antrim
Carnlough
Glenarm
A 26
A 54
Ballymena
Larne
A 36
A 8
The Gobbins Path
Ballystrudder
A 6
Whitehead
A 2
A 31
A 6
Antrim
M 2
Bangor
A 2
A 21
Lough
Neagh
BELFAST
A 20
Newtownnards
Mount
Stewart House
& Gardens
Comber
Lisburn
Tamnamore
M 1
M 1
A 7
Lough
Strangford
Lurgan
Hillsborough
Craigavon
A 24
Ards
Peninsula
A 3
A 27
A 1
0
20
40 km
Armagh

ETAPPE 2 BALLYCASTLE UND UMGEBUNG

- **Um die verschiedenen Sehenswürdigkeiten zu erreichen, nehmen Sie die Causeway Coastal Road (wunderschöne Panoramastraße) von Ballycastle aus (38 km bis Portrush)**
- **An der Küste verkehren Busse, aber es gibt nur wenige Haltestellen**

SEHENSWERTES

A Carrick-a-Rede
B Larrybane Quarry
C White Park Bay
D Giant's Causeway
E Old Bushmills Distillery
F Dunluce Castle

ADRESSEN

1 O'Connor's Bar
2 Ursa Minor Bakery
3 Red Door Cottage
4 Arcadia Beach Café & Art
5 55° North

Von Ballycastle aus können Sie den Strand und die schöne Strandpromenade genießen sowie die Wunder der Causeway Coast erkunden, an der sich die spektakulärste Sehenswürdigkeit Nordirlands befindet: der Giant's Causeway.

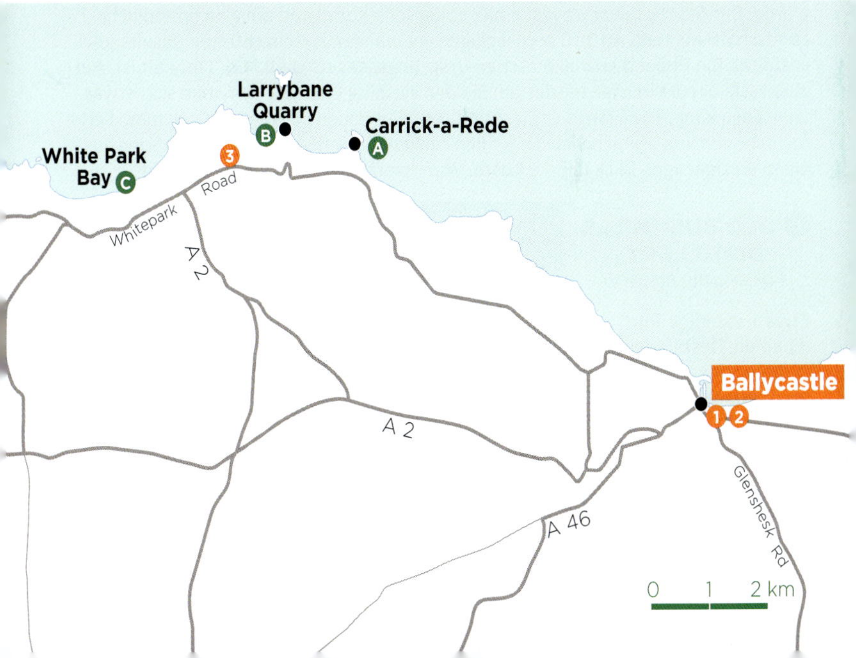

BALLYCASTLE SEHENSWERTES

A CARRICK-A-REDE

Eintritt

Hängebrücke, die die Küste mit der Insel Carrick verbindet – schwindelerregend 30 m über dem Wasser! Von der Insel hat man einen Panoramablick auf die wunderschöne Landschaft.

B LARRYBANE QUARRY

Von hohen Klippen gesäumter **Strand** und Pilgerstätte für Fans der Serie *Game of Thrones* (hier wurde eine Szene gedreht). Atemberaubend!

C WHITE PARK BAY

Einer der größten **Strände** an der nordirischen Küste mit türkisfarbenem Wasser. Es ist schwer, sich vorzustellen, dass man sich in Irland befindet! Kurzer Fußmarsch hinunter, hinauf ein wenig sportlicher.

D GIANT'S CAUSEWAY

Freier Zugang oder gegen Eintritt über das Besucherzentrum (inklusive Parkplatz, Ausstellung, Shuttle, Audioguide und geführte Wanderung)

Eines der Naturwunder Irlands, das von der UNESCO zum Weltkulturerbe erklärt wurde. Der Giant's Causeway ist eine geologische Kuriosität, die eine unwirkliche Landschaft aus rund 40 000 sechseckigen, ineinander verschachtelten Basaltsäulen entfaltet. Ein Phänomen vulkanischen Ursprungs, das rund 60 Mio. Jahre alt ist. Auf ausgeschilderten Routen entdecken Sie den Wishing Chair, an dem man sich etwas wünschen kann, The Giant's Organ mit ihren 12 m hohen Pfeifen oder seltsame Felsformationen, um die sich viele Legenden ranken. Genießen Sie von den Klippen aus einen einzigartigen Blick auf die Küste. Wunderschön bei Sonnenuntergang!

E OLD BUSHMILLS DISTILLERY

2 Ditillery Rd., Bushmills

Etwa 1-stündige Tour durch die Destillerie, in der noch immer der berühmte Whiskey hergestellt wird. Der Herstellungsprozess wird mit Leidenschaft erklärt. Verkostung inbegriffen.

F DUNLUCE CASTLE

Bushmills | Eintritt

Wunderschöne und geheimnisvolle Ruinen einer mittelalterlichen Burg, die auf einer Klippe über dem Meer thront. Der Fotostopp ist ein Muss, das Staunen garantiert.

 Die jeweiligen Öffnungszeiten finden Sie im Register ab S. 184.

BALLYCASTLE ADRESSEN

TOUR 2

1 O'CONNOR'S BAR

- Entspannter und sehr gemütlicher Pub mit Bistroküche.
- Wunderbar sind die Muscheln in Cidre!

5–7 Ann St., Ballycastle | tgl. 11.30–spät in der Nacht, Küche bis 21 Uhr

2 URSA MINOR BAKERY

- Bäckerei-Konditorei, alles hausgemacht!
- Jede Woche wechselnde Menüs. Brotbackkurse.

45 Ann St., Ballycastle | Di–Sa 9–16 Uhr

3 RED DOOR COTTAGE

»Ein Cottage mit familiärer Atmosphäre. Ich bin ein Fan ihres hausgemachten *carrot cake*! Ein ideale Zwischenstopp.«

14a Harbor Rd., Ballintoy | Di–Fr 11–16, Sa, So 10.30–16 Uhr

4 ARCADIA BEACH CAFÉ & ART

- Café und Kunstgalerie.
- Ein schöner Ort mit Blick auf den Strand.

East Strand, Portrush | Mi–So 9.30–16.30 Uhr

5 55° NORTH

- Bistroküche.
- Herrliche Aussicht auf den östlichen Strandabschnitt.

1 Causeway St., Portrush | Mo–Sa

RATHLIN ISLAND

EINE GEBALLTE LADUNG WILDNIS!

- **Überfahrt mit der Fähre von Ballycastle: 25 Min. mit dem *Rathlin Express* und 40 Min. mit der *Spirit of Rathlin*, im Sommer im Voraus buchen: www.rathlinballycastleferry.com**
- **Zugang mit dem Auto nur für Fahrer mit Behinderung, Fahrradverleih vor Ort**
- **Papageientaucher-Saison von April–Aug., Ferngläser gibt es im Seabird Center**
- **Gastronomie vor Ort**

WEST LIGHT SEABIRD CENTRE

Verleih von Ferngläsern | Eintritt

Von der Aussichtsplattform (98 Stufen) des berühmten Leuchtturms kann man die größte Seevogelkolonie Nordirlands beobachten. Von April–Aug. bevölkern Lummen, Papageientaucher, Pinguine, Dreizehenmöwen und Sturmvögel zu Zehntausenden die schwindelerregenden Klippen. Ein überwältigendes Spektakel! Vom Hafen zum Seabird Centre geht man zu Fuß (2–3 Std. hin und zurück) oder nimmt den Bus.

MCCUAIG'S BAR

- Entspannte Atmosphäre, einziger Pub auf der Insel, sehr gut besucht.
- Besondere Erwähnung verdienen die Fish & Chips und das Bier Rathlin Red.

Am Hafen | tgl. 11–23 Uhr

RATHLIN ISLAND

6 km lange und 4 km breite Insel in Form eines Bumerangs, auf der etwa 100 Einwohner, Hunderte von Robben und Tausende von Seevögeln leben. Idyllische Umgebung für Wanderungen und Radtouren: Klippen, Höhlen, kleine Strände und grüne Wiesen. Wanderwege (2–7 km) führen zu den drei Leuchttürmen von Rathlin Island. Herrliche Panoramablicke auf das Meer und die nordirische und schottische Küste.

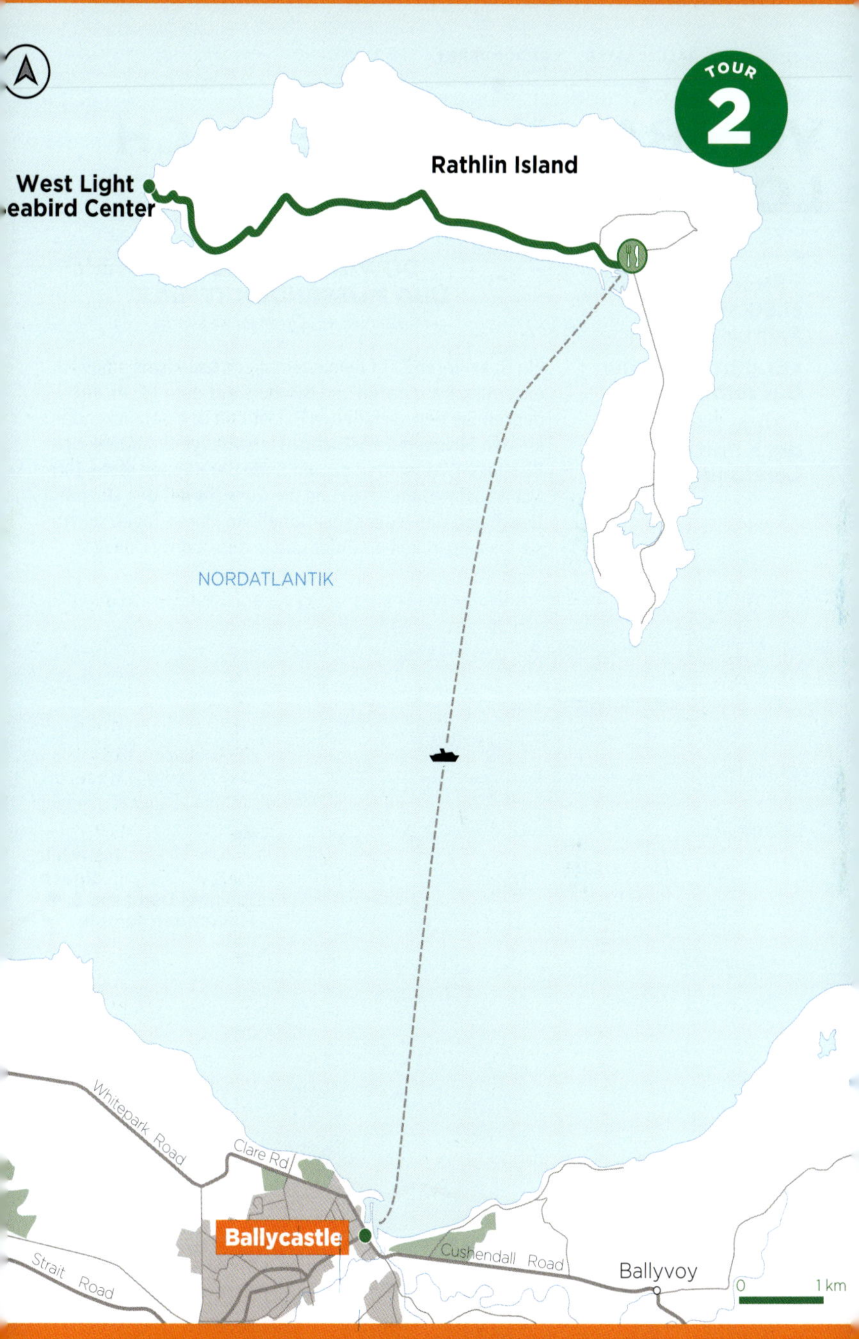
TOUR
2
Rathlin Island
West Light
eabird Center
NORDATLANTIK
Whitepark Road
Clare Rd
Ballycastle
Cushendall Road
Ballyvoy
Strait Road
0
1 km

VON BALLYCASTLE NACH LONDONDERRY

- **Strecke: 99 km (1.50 Std. reine Fahrzeit)**
- **Er gibt auch eine Busverbindung**
- **Züge fahren auch nach Portrush und Londonderry/Derry**

DOWNHILL DEMESNE UND MUSSENDEN TEMPLE

Mussenden Rd., Castle Rock | Eintritt

Ein Spaziergang auf dem ehemaligen **Landgut** eines exzentrischen Grafen und Bischofs aus dem 18. Jh. Entdecken Sie den verfallenen Palast und den entzückenden kleinen **Mussenden-Tempel** (ehemalige Bibliothek des Bischofs; Bild rechts), der am Ende der Klippen steht. Der Ort ist sehr romantisch und die Aussicht auf den Downhill Beach und das Meer sensationell. An klaren Tagen reicht sie bis zum Magillian Point und in das County Donegal.

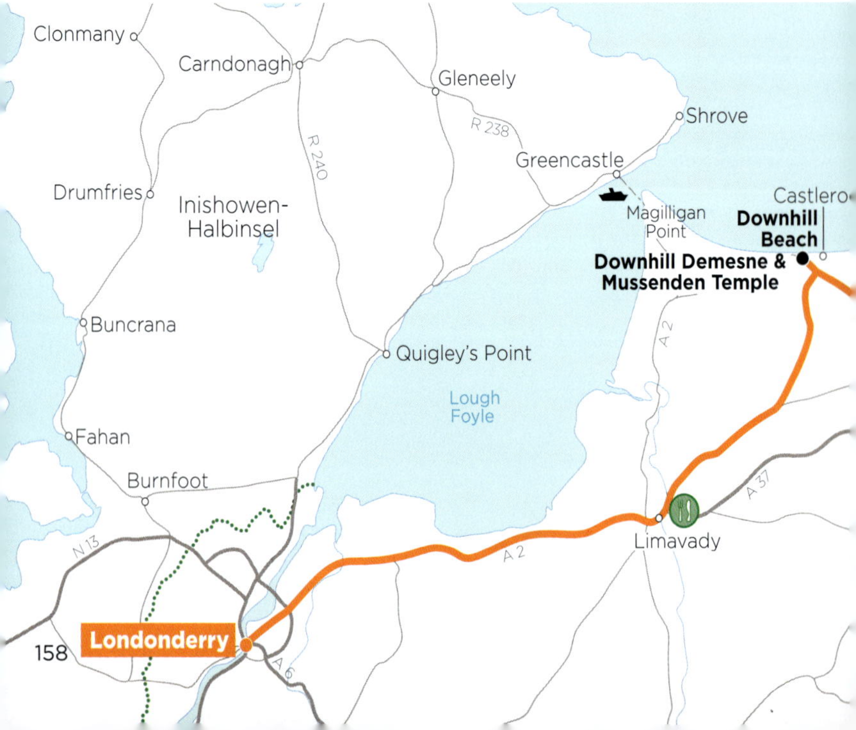

TOUR 2

DOWNHILL BEACH

Castle Rock

Von dem schönen **Strand** hat man einen einzigartigen Blick auf den Mussenden-Tempel. Zusammen mit dem Benone Beach gibt es 11 km feinen Sand bis zum Magillian Point!

THE COACH HOUSE BRASSERIE

Limavady

- Lässig-schickes und familienfreundliches Restaurant.
- Kutscherhaus aus dem 18. Jh.

Roe Park Resort | tgl. 12–22 Uhr

ETAPPE 3 LONDONDERRY/ DERRY

Eine befestigte Altstadt, kultige *murals*, eine ebenso bewegte wie ergreifende Geschichte und dazu gute Pubs – die zweitgrößte Stadt Nordirlands erweist sich als spannend.

- **Zwei Namen: Derry (sein irischer Name) oder Londonderry (sein unionistischer Name)**
- **Parken in der Altstadt ist schwierig. Gebührenpflichtige Parkplätze in der Nähe oder kostenlos im Bogside-Viertel.**

SEHENSWERTES

- A Derry Walls
- B Altstadt
- C Tower Museum
- D Die *murals* von Bogside
- E Museum of Free Derry
- F Peace Bridge

RESTAURANTS

1. Pyke'n'Pommes
2. Sooty Olive
3. Browns in Town
4. Walled City Brewery
5. Primrose Café
6. Guildhall Taphouse
7. Paedar O'Donnells
8. Bennigans Bar

TOUR
2
St. Columb's Park
Foyle
Peace Bridge
EBRINGTON SQUARE
King Street
Glendermott Road
Chapel Road
A2
Duke Street
Spencer Road
200 m
Museum of Free Derry
People's Gallery
Tower Museum
Altstadt
St.Columb's Cathedral
Free Derry Corner
Hands across the Divide
WATERLOO PLACE
BRIDGE STREET
GSIDE
Strand Road
Queens Quay
Lawrence Hill
Northland Road
Northland Av.
Park Avenue
Academy Road
Asylum Rd
Woodleigh T.
Clarendon Street
Queen St.
Patrick St.
Great James St.
Francis St.
Princes St.
Infarmary Road
Eggan St.
William Street
William St.
Rossville Street
Fahan Street
Blucher St.
Waterloo St.
Guildhall St.
Castle St.
Foyle St.
Water St.
Shipquay St.
Butcher St.
Ferryquay St.
Linenhall St.
Market St.
Society St.
London St.
Pump St.
Artillery St.
Bishop St.
Orchard Row
Bridge Street
Foyle Street
Foyle Embankment
Hawkin St.
Carlisle Road
John St.
Foyle Road
Fountain
Wapping Ln
Longtower St.
The Benett
Barrack Street
Abercorn Road
Bishop Street
Maureen Ave
Ivy Terrace
Street
Road
Without
A
B
C
D
E
F
1
2
3
4
5
6
7
8
9

LONDONDERRY/DERRY

SEHENSWERTES

Ⓐ DERRY WALLS

Derry hat die einzige vollständig ummauerte Altstadt in Irland. Auf einem 1,5 km langen Spaziergang auf der Stadtmauer aus dem 17. Jh. können Sie die Aussicht auf die Derry und die Foyle genießen.

Ⓑ ALTSTADT

Die mit dem schachbrettartigen Grundriss als Militärlager konzipierte Festungsstadt beherbergt ein Handwerkerviertel und mit St. Columb's Cathedral das älteste noch erhaltene Bauwerk von Derry (1633).

Ⓒ TOWER MUSEUM

Union Hall Place | Eintritt

Eine interaktive Reise durch die Geschichte von Derry: Belagerung der Stadt 1689, die Große Hungersnot, die *troubles*. Ausstellung über den Untergang eines Schiffes der Spanischen Armada.

Ⓓ DIE *MURALS* VON BOGSIDE

Rosseville St.

Wie Belfast hat auch Derry seine *murals* (Wandmalereien), die Sie im katholischen Viertel Bogside entdecken können, das während der *troubles* Schauplatz gewalttätiger Auseinandersetzungen war. Besonders sehenswert sind das eindringliche *mural* von Free Derry's Corner (»You are now entering Free Derry«) und in der People's Gallery die zwölf riesigen Wandmalereien der berühmten »Bogside Artists«, die selbst Führungen anbieten.

Ⓔ MUSEUM OF FREE DERRY

55–61 Glenfada Pk | Eintritt

Gegenstände, Fotos, Soundtracks, Zeitungen und politische Plakate erzählen von der Bogside zur Zeit der *troubles* und der Tragödie des Bloody Sunday, die sich hier ereignete.

Ⓕ PEACE BRIDGE

Als neues Wahrzeichen der Stadt symbolisiert die geschwungene Friedensbrücke die Versöhnung zwischen den Bewohnern der beiden Ufer, der Katholiken im Westen und der Protestanten im Osten.

LONDONDERRY/DERRY

ADRESSEN

1 PIKE'N'POMMES

- Foodtruck am Flussufer.
- Lokales Essen und sehr freundliche Atmosphäre.

N124 Strand Rd. | tgl. 12–20 Uhr

2 SOOTY OLIVE

- Lokale Küche, schnelle Bedienung.
- Schöne Auswahl an Cocktails.

162 Spencer Rd. | Mi–Sa 12–14.30, 17–21, So 15–20 Uhr

3 BROWNS IN TOWN

- Schickes Ambiente, schöne Weinkarte.
- Veganes/vegetarisches Menü erhältlich.

21 Strand Rd. | tgl. 12–15, 17–21 Uhr

4 WALLED CITY BREWERY

- Bistroküche.
- Hübsche Einrichtung, sehr beliebt bei den Einheimischen!

70 Ebrington Square & Parade Ground | Mi, Do 17–20.45, Fr, Sa 13–15, 17–spät in der Nacht, So 13–17 Uhr

5 PRIMROSE CAFÉ

- Gemütliches kleines Restaurant.
- Gutes Preis-Leistungs-Verhältnis, tolles Frühstück!

53/55 Strand Rd. | So–Mi 9–18, Do–Sa 9–21 Uhr

6 GUILDHALL TAPHOUSE

- Nur wenige Schritte von der Stadtmauer entfernt.
- Kleine Speisekarte, aber qualitativ hochwertige Gerichte. Lokale Biere.

5 Guildhall St. | tgl. 12–1, So bis 24 Uhr

7 PAEDAR O'DONNELLS

- Traditioneller Pub, hervorragende Atmosphäre!
- Irische Livemusik jeden Abend.

59–63 Waterloo St. | Mo–Sa 11.30–1.30, So 12.30–0.30 Uhr | kein Essen

8 BENNIGANS BAR

- Das Bennigans ist auch ein Jazzclub.
- Perfekt für einen Abend mit Konzerten von lokalen Bands.

13 John St. | So–Fr 16.30–1, Sa 15–1 Uhr | kein Essen

9 BLACKBIRD

- Entspannte Atmosphäre.
- Livemusik jede Woche.

24 Foyle St. | Mo–Sa 11.30–1, So 12–24 Uhr

TAGESAUSFLUG VON LONDONDERRY

INISHOWEN-HALBINSEL

AM NÖRDLICHEN ENDE IRLANDS

- **126 km lange Schleife (2.20 Std. reine Fahrzeit)**
- **Auto erforderlich, kleine Landstraßen**
- **Fahrt durch die Republik Irland**
- **Restaurants vor Ort**

CARNDONAGH

Dorf mit bunten Häusern und typischen kleinen Straßen. Hier steht ein großes keltisches Kreuz aus dem 7. Jh., das Donagh Cross, das älteste des Landes! In der Nähe gibt es viele Strände.

MALIN HEAD

Der nördlichste Punkt von Irland. Wunderschöne Wege und Aussichtspunkte an der rauen Küste zwischen Klippen und dem tosenden Ozean. Vorsicht vor den starken Winden! (Bild)

TRAWBREGA BAY

Eine kleine, abgelegene und wunderschöne Bucht mit glasklarem Wasser. Wer der kleinen Straße folgt, gelangt zum Five Fingers Strand, einem der tollen Strände, für die Donegal bekannt ist!

BUNCRANA BEACH

Buncrana

Riesiger Sandstrand, 2 Min. von Buncrana entfernt, der sich über mehrere Kilometer erstreckt. Sehr beliebt bei Einheimischen zum Beachvolleyball spielen und Drachen steigen lassen.

DRIFT INN

Buncrana

- Ein alter Bahnhof, der zu einem charmanten Gastropub umgebaut wurde.

Railway Rd. | Do 14–21.30, Fr, Sa 13–21.15, So 13–20.45 Uhr, Bar tgl.

INCH ISLAND

Kleine Insel im Lough Swilly, die mit dem Festland verbunden ist. Ein Paradies für Birdwatching! Das wundeschöne Eiland ist Zwischenstation für viele Zugvögel wie etwa Graugänse.

 Die jeweiligen Öffnungszeiten finden Sie im Register ab S. 184.

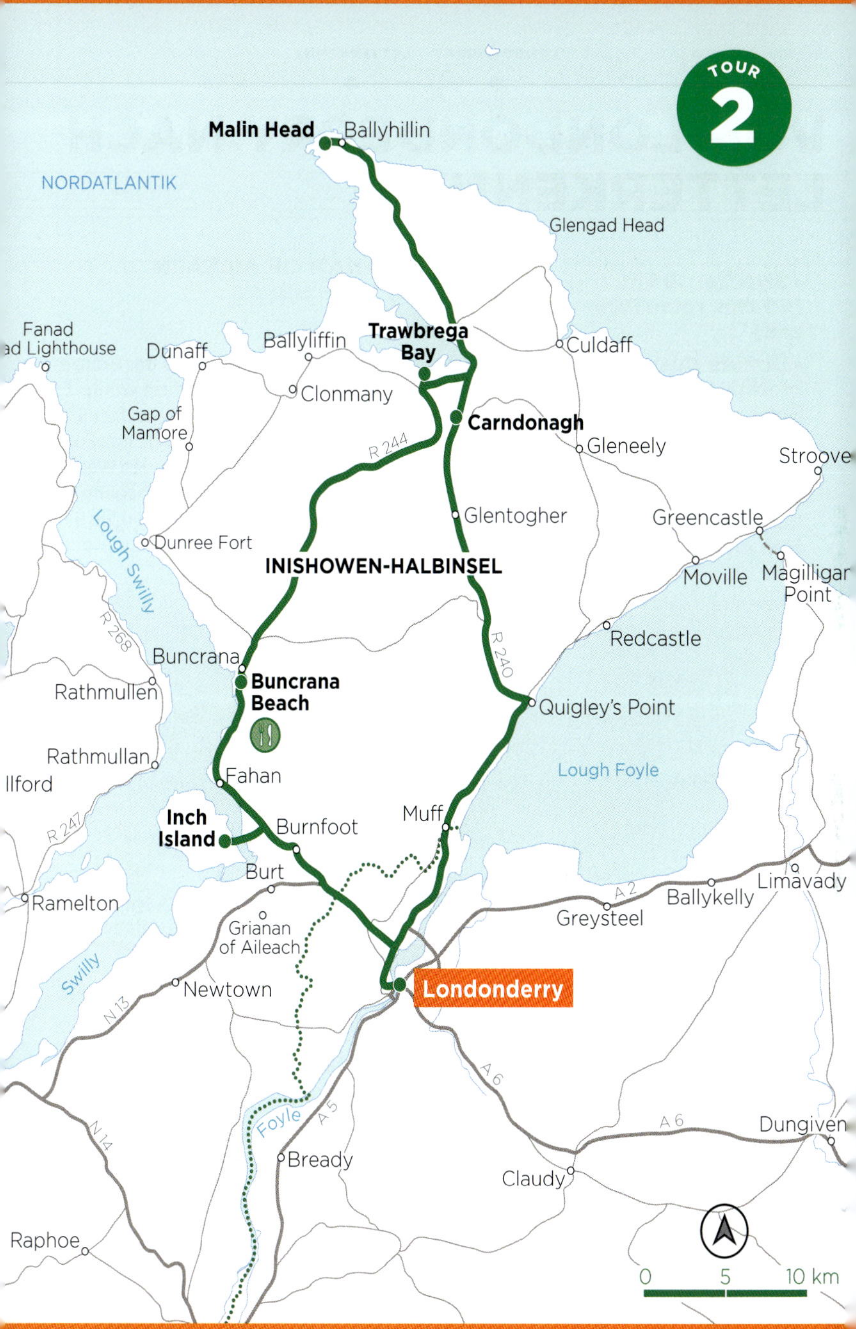
TOUR
2
Malin Head
Ballyhillin
NORDATLANTIK
Glengad Head
Fanad
ad Lighthouse
Dunaff
Ballyliffin
Trawbrega
Bay
Culdaff
Clonmany
Gap of
Mamore
Carndonagh
R 244
Gleneely
Stroove
Glentogher
Greencastle
Lough Swilly
Dunree Fort
INISHOWEN-HALBINSEL
Moville
Magilligan
Point
R 268
Redcastle
Buncrana
R 240
Buncrana
Beach
Rathmullen
Quigley's Point
Rathmullan
Lough Foyle
Fahan
llford
Inch
Island
Burnfoot
Muff
R 247
Burt
Limavady
A 2
Ballykelly
Ramelton
Greysteel
Grianan
of Aileach
Swilly
Newtown
Londonderry
N 13
A 6
Foyle
A 5
A 6
Dungiven
N 14
Bready
Claudy
Raphoe
0
5
10 km

VON LONDONDERRY NACH LETTERKENNY

- **Strecke: 39 km (40 Min. reine Fahrzeit)**
- **Direkte Busverbindung mit Bus Éireann (Bus 64, 33 Min.)**
- **Grianán of Aileach ist nicht mit öffentlichen Verkehrsmitteln erreichbar**

GRIANÁN OF AILEACH

frei zugänglich

Ein prächtiges prähistorisches Ringfort aus der Bronzezeit, das auf dem Hügel von Grianán errichtet wurde. Es ist sehr gut erhalten und mit seinen manchmal fast 5 m dicken Mauern sehr imposant! Der 360°-Blick vom Fort auf Donegal ist atemberaubend: die glitzernden Wasser des Lough Foyle und des Lough Swilly, die erhabene Landschaft der Inishowen-Halbinsel – genießen Sie die absolute Stille und eine sehr geheimnisvolle Atmosphäre.

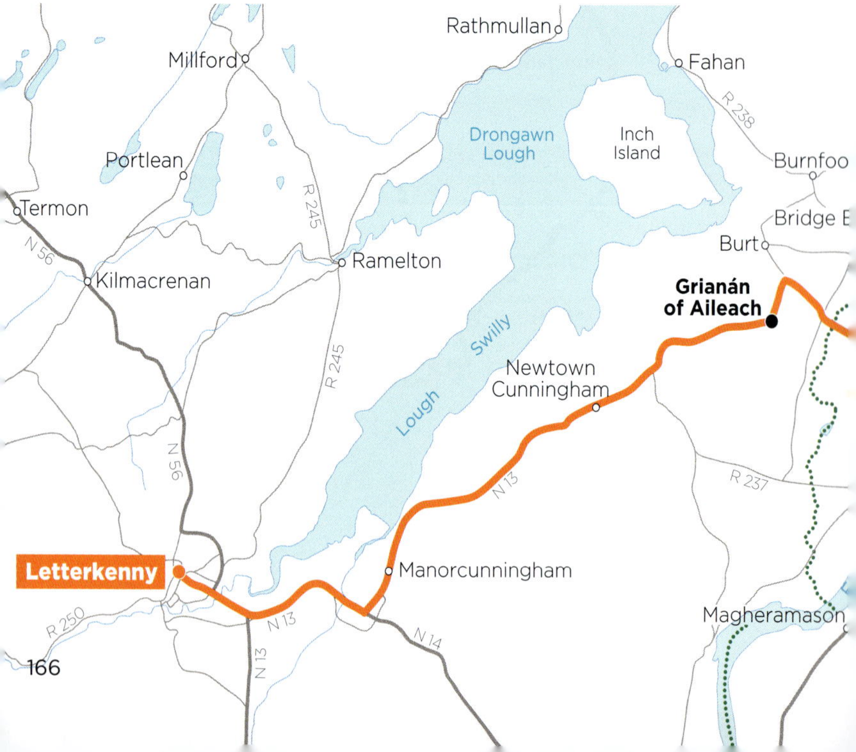

TOUR
2

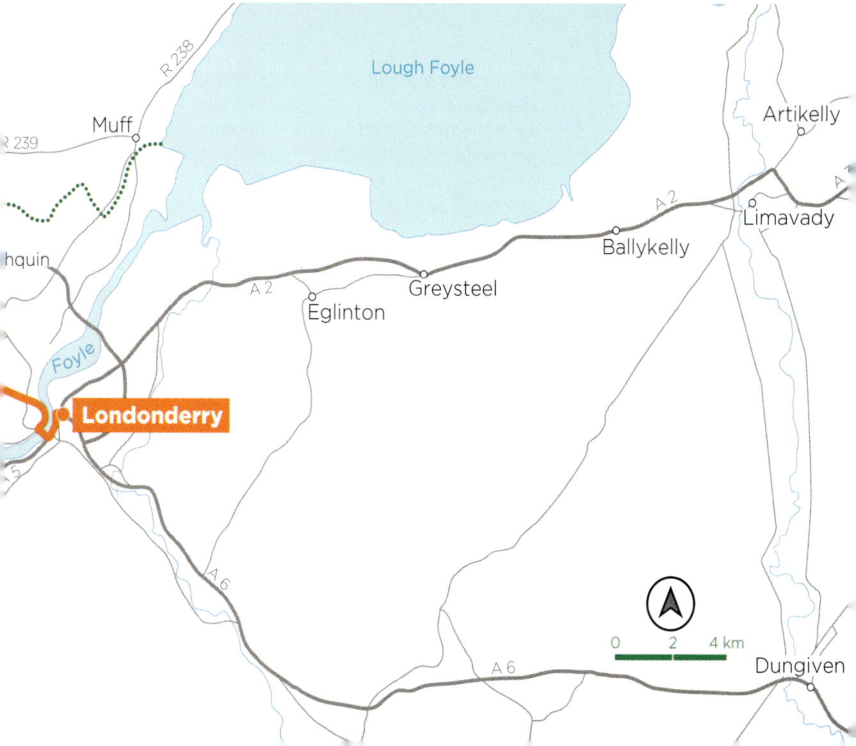
Lough Foyle
R 238
Muff
R 239
Artikelly
A 2
Limavady
Ballykelly
Greysteel
Eglinton
hquin
Foyle
Londonderry
A 5
A 6
0 2 4 km
Dungiven

ETAPPE 4 LETTERKENNY

Die bevölkerungsreichste Stadt Donegals ist ein guter Ausgangspunkt, um den Glenveagh-Nationalpark und die schönsten Halbinseln der Grafschaft zu erkunden.

- **Häufige Staus, das Parken auf den Straßen im Stadtzentrum ist auf 1 Std. begrenzt. Man kann das Auto jedoch in einem gebührenpflichtigen Parkhaus abstellen.**
- **Vor Ort gibt es nur sehr wenig zu besichtigen. Geschäfte und das Nachtleben konzentrieren sich um die Main Street.**

A DONEGAL COUNTY MUSEUM

High Rd. | Eintritt frei

Das County Museum wurde 1845 eröffnet und befindet sich in einem sehr schönen Gebäude. Die Exponate erzählen von der Geschichte und dem kulturellen Erbe Donegals.

1 FLORENCE FOOD CO

- Café-Bäckerei mit Zen-Atmosphäre.
- Exzellentes Gebäck, perfekt zum Frühstück.

63 Main St. | Mo–Fr 8.30–18, Sa 9.30–18, So 10–15 Uhr

2 THE QUIET MOMENT TEAROOMS

- Teesalon und Sandwichbar, eine schöne Adresse für eine Pause!

94–96 Upper Main St. | Mo–Sa 8–18, So 10–16 Uhr

3 THE BREWERY BAR & RESTAURANT

- Ausgezeichnetes Restaurant, Pub-Atmosphäre.
- Liveübertragungen aller möglichen Sportereignisse.

Market Sq. | Restaurant Mo–Fr 15–21.30, Sa, So 12–21.30 Uhr

4 THE COUNTER DELI

- Café-Bar und Lebensmittelgeschäft.
- Gemütliches Ambiente, ideal für die Mittagspause!

Canal Rd. | Mo–Sa 9.30–17 Uhr

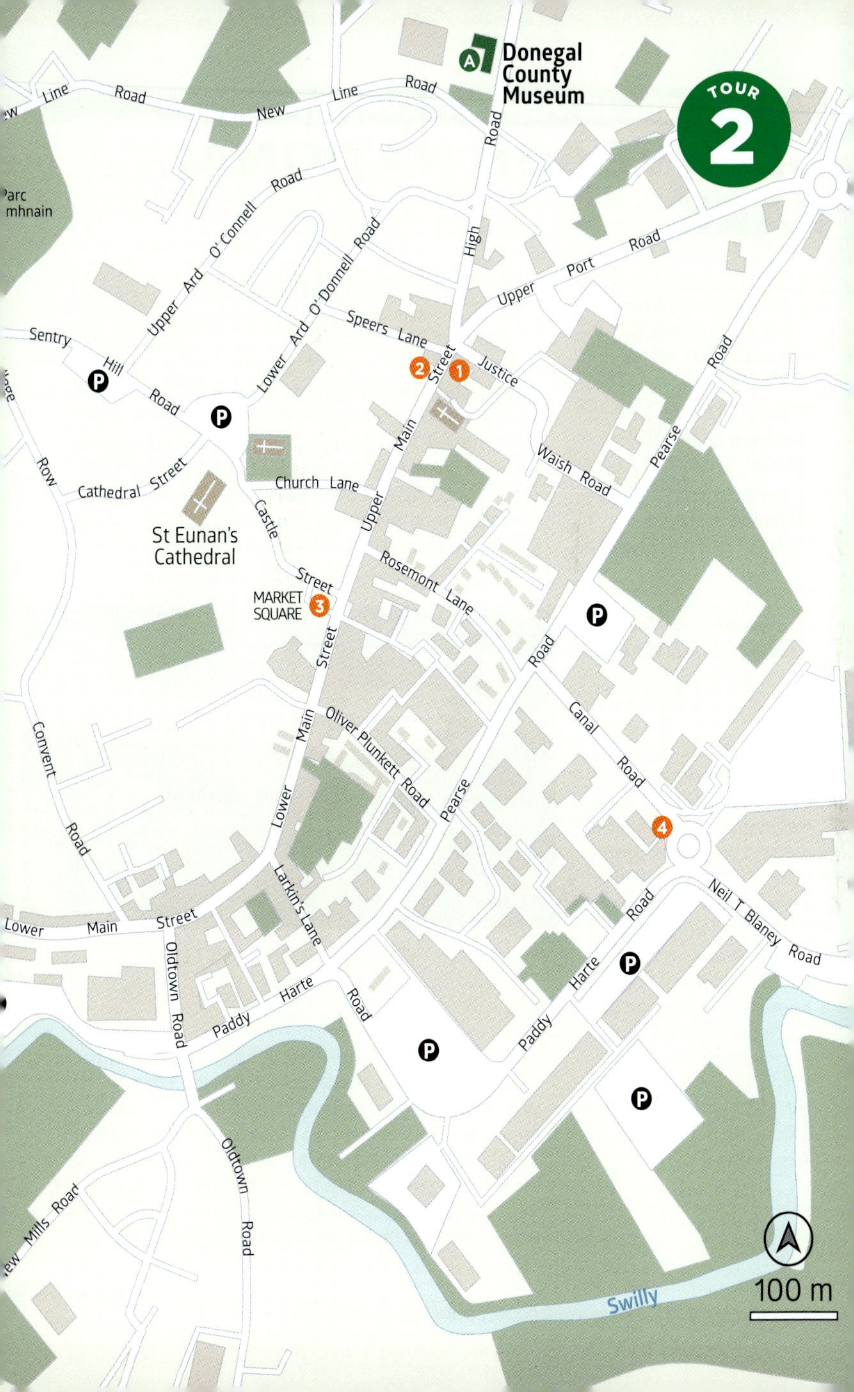

TOUR
2
Donegal County Museum
A
New Line Road
High Road
Upper Ard O' Connell Road
Lower Ard O' Donnell Road
Parc
mhnain
Sentry Hill Road
Speers Lane
Upper Port Road
Justice
Upper Main Street
Lower Main Street
Lower Main Street
Pearse Road
Waish Road
Church Lane
Cathedral Street
Row
St Eunan's Cathedral
Castle Street
MARKET SQUARE
Rosemont Lane
Canal Road
Oliver Plunkett Road
Convent Road
Larkin's Lane
Neil T Blaney Road
Paddy Harte Road
Oldtown Road
Mills Road
Swilly
100 m
1
2
3
4
P

TAGESAUSFLUG VON LETTERKENNY

GLENVEAGH NATIONAL PARK

- **Strecke 46 km (hin und zurück, ca. 50 Min. reine Fahrzeit)**
- **Bus 271 von Letterkenny (Haltestelle Churchill)**
- **Im Sommer Mückenschutzmittel mitnehmen!**

VISITOR CENTER

Am Parkeingang (R 251) | Eintritt frei

Im Besucherzentrum gibt es eine Ausstellung über Flora und Fauna sowie einen Film über den Park und den berüchtigten John George Adair, der 1861 47 Familien vertrieb, um hier sein Jagdgebiet anzulegen und sein Schloss zu errichten. Vom Besucherzentrum aus gibt es einen kostenpflichtigen Pendelbus zum Glenveagh Castle, wo mehrere Wanderwege beginnen. Kaffee und Snacks vor Ort.

GLENVEAGH NATIONAL PARK

Freier Zugang

Einer der sechs Nationalparks in Irland, abgeschieden im Herzen der Derryveaghs Mountains. Nehmen Sie ein Picknick mit und vergessen Sie nicht die Wanderschuhe: Mehrere Wanderwege (zwischen 1 und 8 km) führen vorbei an Seen und durch Moore und Wälder mit einheimischen Eichen und Birken. Ein atemberaubendes Stück Wildnis, bevölkert von Hirschen und Steinadlern. Gehen Sie mit offenen Augen durch den Park!

GLENVEAGH CASTLE

Eintritt

Um das Schloss zu erreichen, nehmen Sie vom Besucherzentrum aus den romantischen Lakeside Walk (4 km). Wie eine Burg dominiert das Herrenhaus mit seinen Türmen und zinnenbewehrten Mauern den großen Lough Veagh. 30-minütige Führung in englischer Sprache durch die extravagant dekorierten Innenräume, einschließlich des rosafarbenen Schlafzimmers, in dem Greta Garbo gerne übernachtete. Prächtige und exotische Gärten!

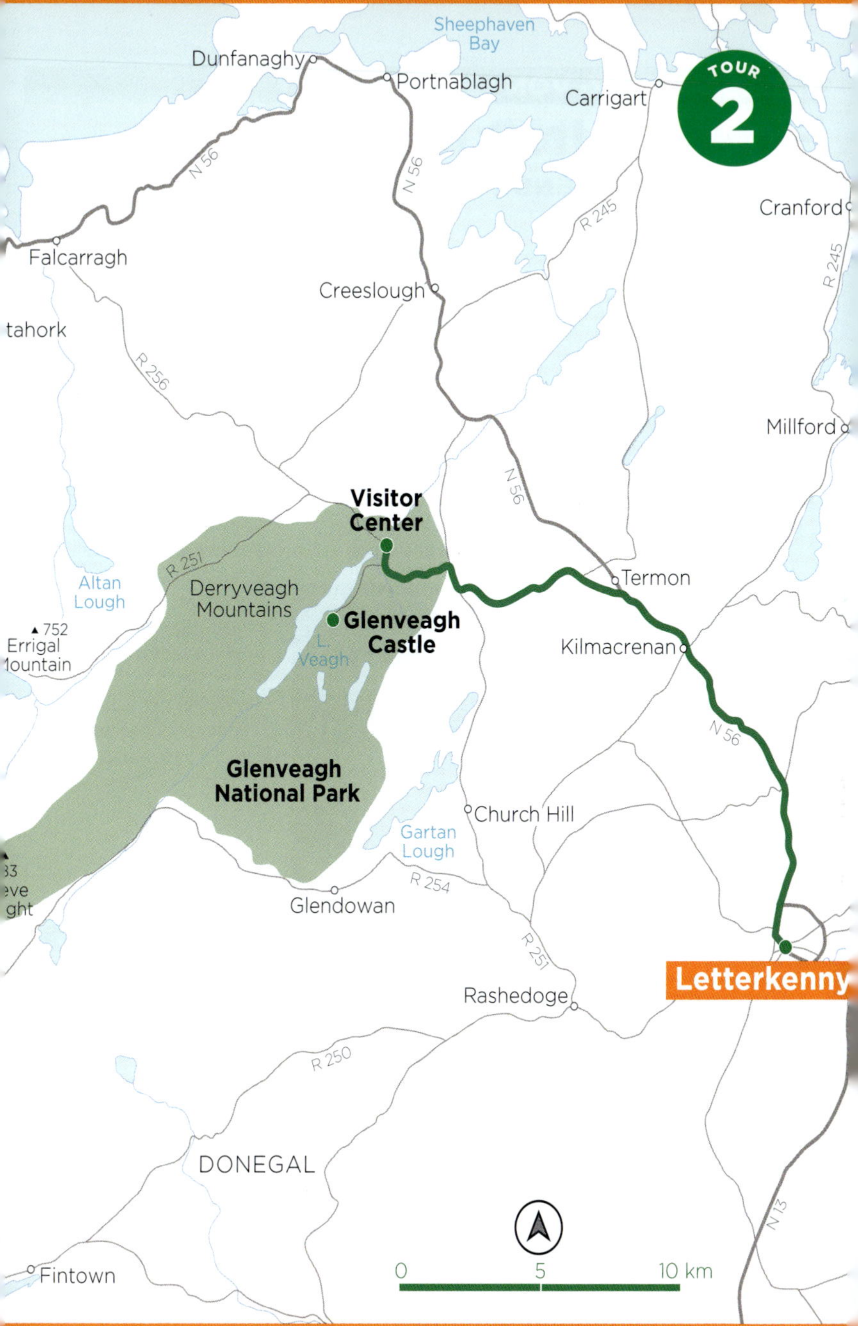

Sheephaven Bay
TOUR 2
Dunfanaghy
Portnablagh
Carrigart
N 56
N 56
R 245
Cranford
R 245
Falcarragh
Creeslough
tahork
R 256
Millford
N 56
Visitor Center
R 251
Derryveagh Mountains
Termon
Altan Lough
Glenveagh Castle
L. Veagh
▲752
Errigal
lountain
Kilmacrenan
N 56
Glenveagh National Park
Church Hill
Gartan Lough
R 254
Glendowan
R 251
Letterkenny
Rashedoge
R 250
DONEGAL
N 13
Fintown
0
5
10 km

FANAD UND ROSGUILL

HALBINSELN AM ENDE DER WELT

- **Strecke: 124 km (2.50 Std. reine Fahrzeit)**
- **Kleine Panoramastraßen und himmlische Aussichten!**
- **Ramelton, Portsalon und Downings sind mit dem Bus erreichbar**

RAMELTON

Eine erstaunliche Kleinstadt, die im 17. Jh. gegründet wurde. Ein bezaubernder Ort mit einer alten Brücke, Getreidespeichern und Lagerhäuser, die sich am Ufer des Lennon aufreihen.

FANAD PENINSULA

Donegal in konzentrierter Form! Von Ramelton bis Fanad Head im Norden offenbart die kleine malerische Küstenstraße (Fanad Drive) die schönsten Facetten dieser wilden Halbinsel zwischen dem Lough Swilly und der Mulroy Bay: majestätische Klippen, von Meer geformte Felsen und riesige Sandstrände wie der an der wunderschönen Ballymastocker Bay, die sich südlich von Portsalon erstreckt.

FANAD HEAD LIGHTHOUSE

Am nördlichen Ende der Fanad-Halbinsel steht ein Leuchtturm auf seinem Felsvorsprung, der dem Wind und den Wellen ausgesetzt ist. Perfekt für das Erinnerungsfoto bei Sonnenuntergang.

ROSGUILL PENINSULA

Eine zerfurchte Küstenlinie, steile Klippen und Strände, die zu den schönsten Irlands gehören – die Halbinsel Rosguill ist ein kleines Juwel! Entdecken Sie die atemberaubende Meereslandschaft auf dem Atlantic Drive, einer 15 km langen, beschilderten Panoramastraße ab Carrigart. Als Höhepunkt bietet sich Ihnen ein grandioser Ausblick auf die Tranarossan Bay mit ihren goldenen, von hohen Klippen gesäumten Stränden.

THE TRAVELLER'S INN

Milford

- Irische Kneipe.
- Ausgezeichnete Burger, unbedingt das lokale Bier »Baxters 1867« testen!

Main St., Forquar | Juni–Aug. tgl. 12–21, Sept.–Mai Fr–So 12–21 Uhr

Fanad Head Lighthouse
Tranarossan Bay
Fanad Peninsula
Rosguill Peninsula
Atlantic Drive
R 247
Portsalon
Ballymastocker Bay
Downings
Sheephaven Bay
R 268
Carrigart
R 246
Fanad Drive
Mulroy Bay
Cranford
R 245
Kerrykeel
R 247
Buncrana
Creeslough
Lough Swilly
R 238
Rathmullan
Fahan
Milford
N 56
Inch Island
R 246
R 247
Termon
R 255
Ramelton
Kilmacrenan
Newtown Cunningham
N 56
R 245
R 265
Church Hill
N 13
254
R 251
Letterkenny
0
5
10 km

VON LETTERKENNY NACH ENNISKILLEN

- **Strecke: 145 km (2.50 Std. reine Fahrzeit)**
- **Busfahrt mit Umsteigen in Donegal (Belleek wird angefahren)**
- **Cliffs of Magho Viewpoint nur mit dem Auto erreichbar**

BELTANY STONE CIRCLE

Raphoe | gratis

In einer zauberhaften Umgebung auf einem Hügel bilden 64 Steine einen perfekten Kreis. Einige von ihnen tragen noch die Spuren alter Rituale.

FINN LOUGH KITCHEN

Aghnablaney

»Eine gute Adresse im Herzen der Grafschaft Fermanagh. Großer Favorit ist die Ente mit Rhabarber!«

41 Letter Rd. | tgl. 17–19 Uhr, im Winter nur Do–Mo

BELLEEK POTTERY

3 Main St., Belleek | kostenpflichtige Führung

Das berühmte weiße Belleek-Porzellan wird hier seit 1857 hergestellt. Kleines Museum, Film und geführte Tour durch die Werkstätten (unter der Woche), um den Handwerkern zuzusehen.

CLIFFS OF MAGHO VIEWPOINT

Ein riesiger Nadelwald bedeckt die märchenhaften **Klippen von Magho**. Von oben bietet sich ein atemberaubendes Panorama über die Seen von Fermanagh und darüber hinaus. (Bild unten)

 Die jeweiligen Öffnungszeiten finden Sie im Register ab S. 184.

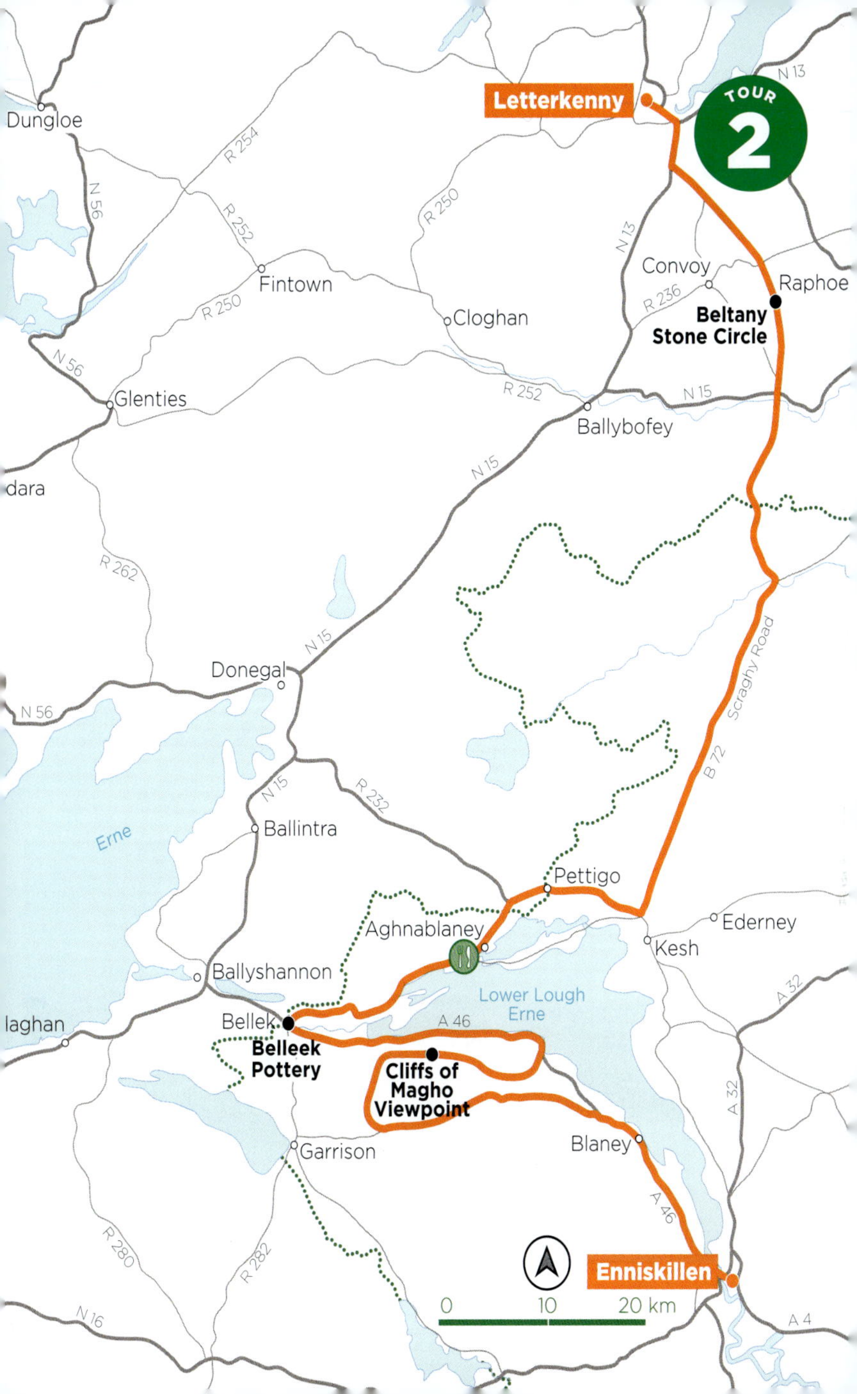

TOUR
2
Letterkenny
Dungloe
N 13
R 254
N 56
R 252
R 250
Fintown
R 250
Cloghan
Convoy
R 236
Raphoe
Beltany
Stone Circle
N 56
Glenties
R 252
N 15
Ballybofey
dara
N 15
R 262
N 15
Donegal
N 56
Scraghy Road
B 72
N 15
R 232
Erne
Ballintra
Pettigo
Aghnablaney
Ederney
Kesh
Ballyshannon
Lower Lough
Erne
A 32
laghan
Bellek
Belleek
Pottery
A 46
Cliffs of
Magho
Viewpoint
A 32
Blaney
Garrison
A 46
R 280
R 282
Enniskillen
0
10
20 km
N 16
A 4

ETAPPE 5 ENNISKILLEN UND SEINE SEEN

Die auf einer Insel erbaute kleine Hauptstadt von Fermanagh ist ein charmanter Anlaufpunkt im Land der Seen, einem Paradies aus Gewässern und bewaldeten Inseln mit vielen Schlössern und Klosterruinen.

- **In Fermanagh gibt es 50 Seen, darunter den riesigen Lower Lough Erne, und 154 Inseln!**
- **Eine Grafschaft, die man vom Wasser aus besuchen sollte, um nichts zu verpassen. Liste der Bootsverleiher in der Touristeninfo (Enniskillen Castle).**

SEHENSWERTES

- A Enniskillen Castle
- B The Buttermarket
- C Devenish Island
- D White Island
- E Castle Coole
- F Marble Arch Caves

RESTOS & PUBS

1. Snackz Sandwich Bar
2. The Tap House
3. Rebecca's Cafe

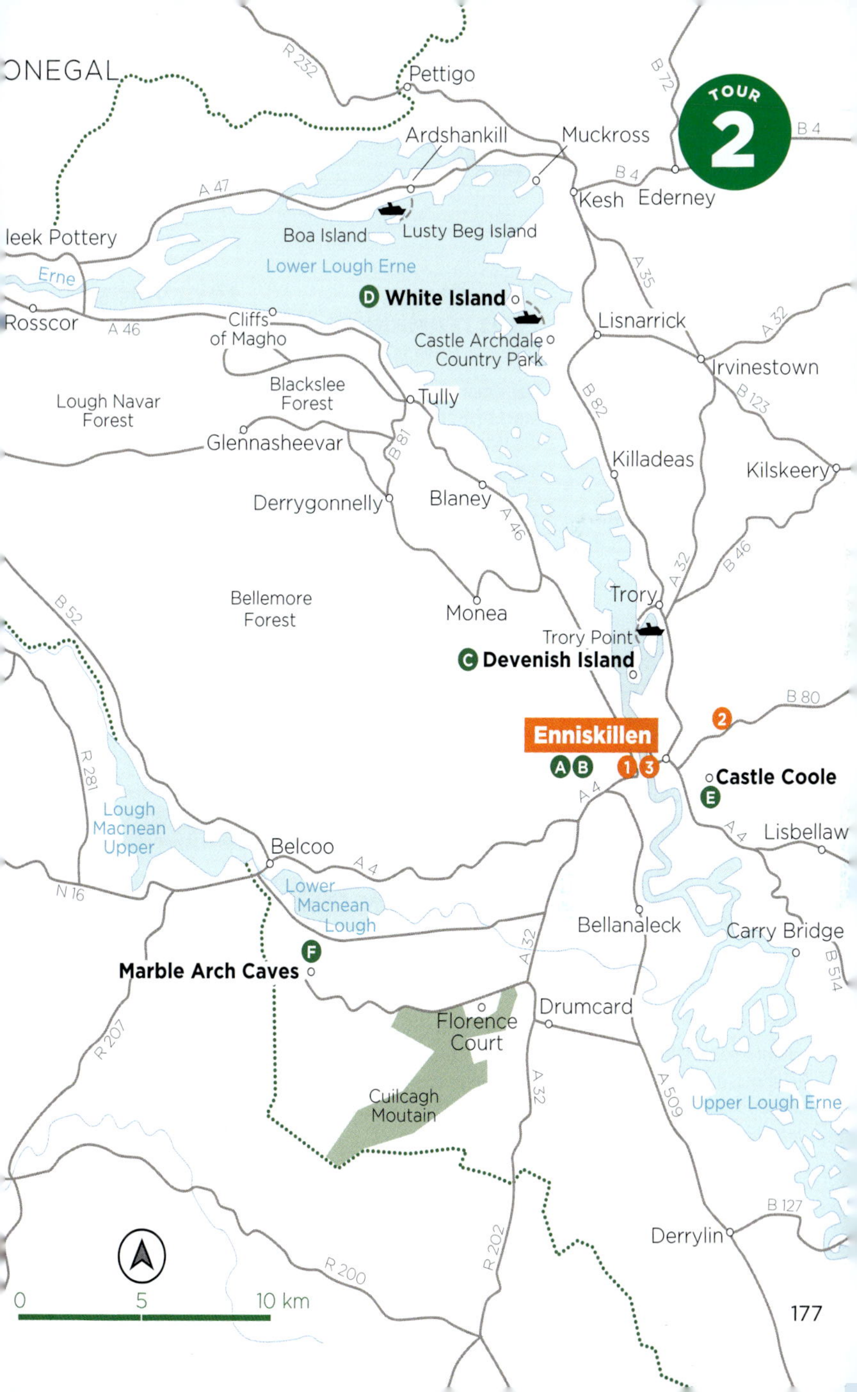

TOUR 2
ONEGAL
Pettigo
R 232
B 72
B 4
Ardshankill
Muckross
Kesh
Ederney
A 47
Belleek Pottery
Boa Island
Lusty Beg Island
Lower Lough Erne
Erne
D White Island
Rosscor
A 46
Cliffs of Magho
Castle Archdale Country Park
Lisnarrick
A 35
A 32
Irvinestown
Lough Navar Forest
Blackslee Forest
Tully
B 82
B 123
Glennasheevar
B 81
Killadeas
Kilskeery
Derrygonnelly
Blaney
A 46
B 46
Bellemore Forest
Monea
Trory
Trory Point
B 52
C Devenish Island
B 80
Enniskillen
A B
1 3
2
Castle Coole
E
R 281
A 4
Lough Macnean Upper
Lisbellaw
Belcoo
N 16
Lower Macnean Lough
Bellanaleck
Carry Bridge
A 32
B 514
F
Marble Arch Caves
Drumcard
Florence Court
R 207
A 509
Cuilcagh Moutain
Upper Lough Erne
B 127
Derrylin
R 202
R 200
0
5
10 km

ENNISKILLEN

SEHENSWERTES

A ENNISKILLEN CASTLE

Wellington Rd. | Eintritt

Große Burg aus dem 15. Jh. mit beeindruckender Architektur. Sie beherbergt ein Militärmuseum (die Burg diente als Kaserne) und ein Museum über die Geschichte der Grafschaft.

B THE BUTTERMARKET

Down St.

Der ehemalige Buttermarkt (1830) beherbergt die Werkstätten lokaler Kunsthandwerker (Schmuck, Töpferei, Keramik, Fotografie, Textilien), eine Boutique und ein Café.
Mo–Sa 10–17.30 Uhr

C DEVENISH ISLAND

Boot von Enniskillen aus

Auf einer der schönsten Inseln in Fermanagh tauchen die romantischen Ruinen eines alten Klosters und sein perfekt erhaltener Aussichtsturm auf. Die Zeit scheint hier stillzustehen. (Foto unten)

D WHITE ISLAND

»White Island liegt im Lower Lough Erne und ist ein Erlebnis, das niemanden unberührt lässt. Fest im Felsen stehen acht Skulpturen, die von einem alten Kloster aus dem 12. Jh. stammen.«
Abfahrt der Fähren am Jachthafen von Castle Archdale | Ostern und Feiertage im Mai, Juli–Aug. tgl. 10.30, 11.30, 14.30, 15.30 und 16.30 Uhr

E CASTLE COOLE

Castle Coole Rd. | *Eintritt*

Der Earl of Belmore hat sich ruiniert, um sich das klassizistische Herrenhaus (18. Jh.) leisten zu können, das mit Stuck und kostbaren Hölzern geschmückt ist. Der Park lädt zu Spaziergängen am Seeufer.

F MARBLE ARCH CAVES

Marlbank Rd., Legnabrocky | *Eintritt*

Die Höhlen von Marble Arch verbergen eine faszinierende unterirdische Welt: Flüsse, Wasserfälle, Kammern, Stalaktiten und Stalagmiten. Geführte Tour auf Englisch (1.15 Std.), erst mit dem Boot und dann zu Fuß.

ENNISKILLEN

RESTAURANTS & PUBS

1 SNACKZ SANDWICH BAR

»Gemütliche Atmosphäre, schnell und schmackhaft. Ein Restaurant, das ich bei jedem Aufenthalt in Fermanagh besuche!«
2C The Diamond | Mo–Sa 8–17 Uhr | (Bild rechts)

2 THE TAP HOUSE

- Gastropub mit lokaler und saisonaler Küche.
- Wir haben uns in die Schweinshaxenterrine verliebt!

46 Old Tempo Rd. | Do 17–20, Fr–So 12.30–20 Uhr

3 REBECCA'S CAFE

- Café im Vintage-Stil.
- Torten, herzhafte Gerichte und *scones*.

The Buttermarket, Down St. | Mo–Sa 9–17.30 Uhr

TOUR
2

VON ENNISKILLEN NACH BELFAST

- **Strecke: 150 km (2 Std. reine Fahrzeit), ein Teil verläuft auf Autobahnen (kostenlos)**
- **Die Strecke ist mit dem 261 Goldline Express Bus machbar (2.15 Std.)**

ARMAGH

Armagh ist die einzige Stadt der Welt, die zwei Kathedralen besitzt, die demselben Heiligen (St. Patrick) gewidmet sind. Hübsche Gassen und gute Restaurants – ein netter Zwischenstopp!

MULBERRY BISTRO

Armagh

- Bistroküche, hübscher Blick auf eine der beiden Kathedralen.
- Casual-Chic-Ambiente, beliebt bei Einheimischen.

6 Cathedral Rd. | Mo–Sa 8–20, So 9–15 Uhr

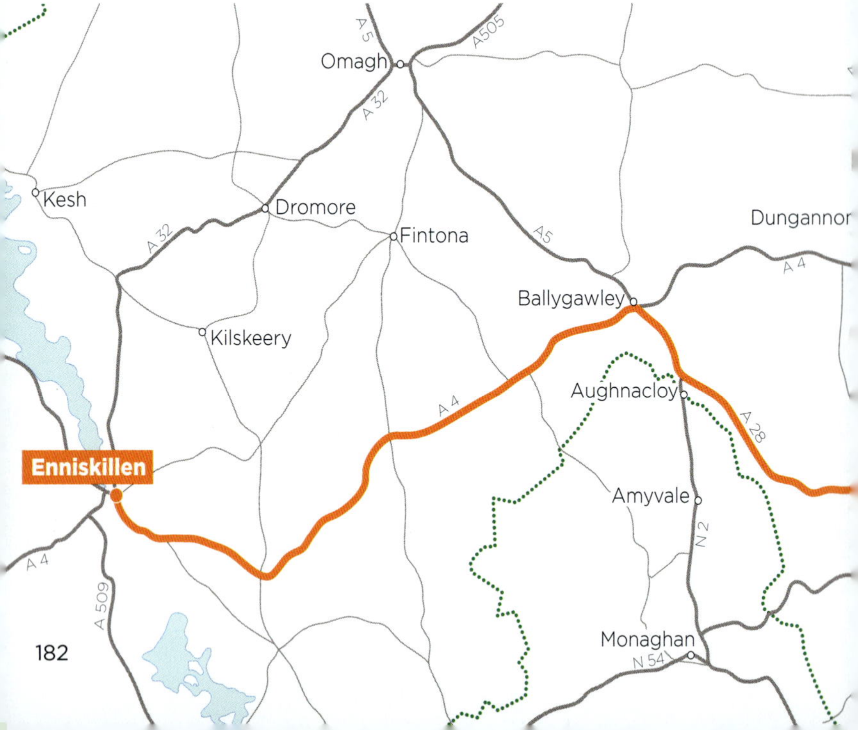

TOUR 2

OXFORD ISLAND NATURE RESERVE

Annaloiste Rd., Craigavon

Ein riesiges Naturschutzgebiet am Ufer des Lough Neagh. Sehr schöner Ausflug in die Natur mit mehreren Wanderwegen und zahlreichen Hütten für Birdwatching.

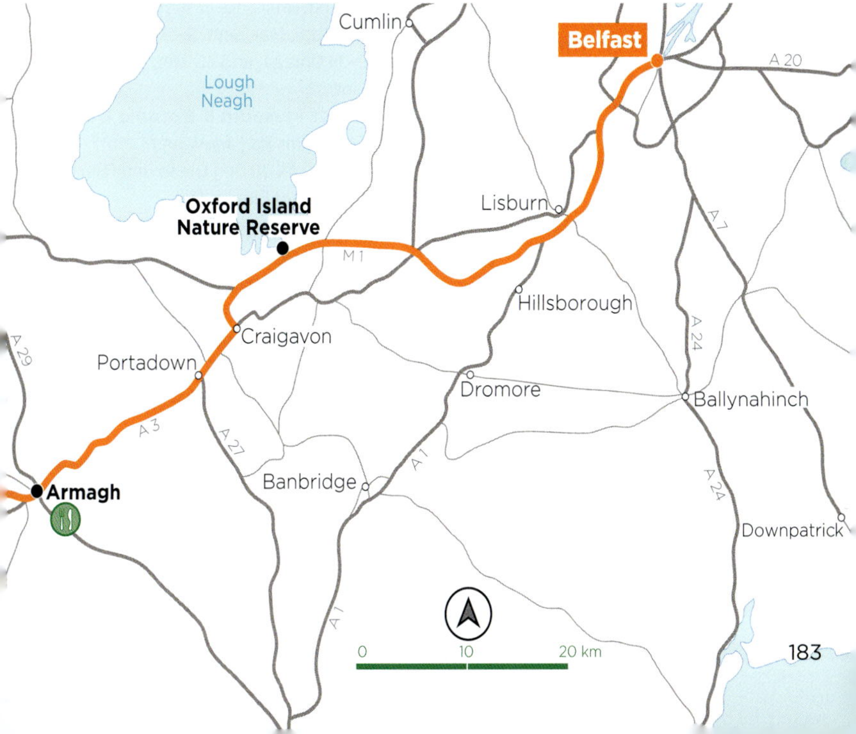

REGISTER

E–F

G

M–N

O–P

BILDNACHWEIS

Adobe
11, 14, 24 (o), 25 (ol, ur), 26 (o, M, ul), 27 (u), 28 (ul), 30 (o), 31 (u), 32 (ol, or, ul), 33 (ol, ur), 34 (ol, ur), 36 (M, u), 37 (ur), 38 (or, uM), 40 (uM), 43 (or, M, u), 60, 62 (o), 72, 78, 80, 82, 90 (u), 92, 96, 103, 105, 107, 109, 110 (M), 112, 118, 125, 132, 134, 137 (MM, u), 140, 146, 148 (u), 153, 159, 164, 167, 170, 172, 178 (M).

Shutterstock
13, 21, 23 (ol, u), 24 (u), 25 (or), 26 (ur), 30 (u), 32 (oM, ur), 33 (uM), 37 (ol, ul), 38 (ol, oM), 40 (or), 41 (r), 52, 54, 62 (M), 63 (u), 65, 70 (u), 74 (M), 79, 84, 100, 101, 102, 104, 110 (u), 116 (o), 122, 124, 127 (u), 130, 137 (Ml), 138, 139, 143, 148 (M), 150, 154, 156, 160, 162, 174 (M), 178 (u), 183.

Hemis.fr
© BIBIKOW Walter 6, 33 (ul), 74 (u), © Jon Arnold Images 18, 23 (or), 34 (or), 38 (ul), 53, 56 (u), 105, 137 (or), © MATTES René 90 (M), © imageBROKER 25 (oM, ul), © KRINITZ Hartmut 31 (o), © BOISVIEUX Christophe 36 (o), 94–95, 129, © RIEGER Bertrand 40 (oM).

Getty Images
© 26 (uM), 27 (o), 28 (alle außer ul), 32 (uM), 33 (or), 34 (ul), 37 (or), 40 (ol, ul), 41 (l, M), 76, 87, 98, 111, 114, 120, 137 (oM, Mr), 176.

AgeFotostock
© Wojtek Buss 181.

Romain Boutillier
46, 48, 59 (o), 62 (u), 63 (o), 68 (o, u).

Jean-Christophe Godet
43 (oM), 49, 50 (o, u), 56 (M), 66.

Violaine Malié
155, 174, 180.

Für die Bereitstellung dankt der Verlag
© Fish Shop: 27 (M), 69 (u)
© Mark Griffin: 51 (M)
© Escalate Digital Marketing: 51 (u)
© Joanne Murphy: 57
© Sean Drugan: 58 (o)
© Therese Aherne: 58 (u)
© Dara Munnis: 59 (u)
© Dave Sweeney: 64 (o, M), 70 (o)
© Barry McCall: 64 (u)
© Karolina Kat: 69 (M)
© Urbanity: 69 (o)
© Steve de Paoire: 71
© Rob Foley: 85 (o)
© Greenes: 85 (u)
© Hilary Kelly-Sin É Pub: 86
© Mason Harper: 116 (u)
© Jack Costello: 117
© Daniel Sajfert: 126 (o)
© Melanie Mullan: 126 (M)
© Julia Dunin Photography: 126 (u)
© Aonghus o Flaherty of Tig Choili: 127 (o)
© Malachy Kearns: 133 (o)
© Aoife Herriot photography: 133 (u)
© Paul Doherty Photography: 168

Die französische Originalausgabe mit dem Titel »Simplissime Irlande – le guide de voyage le + pratique du monde« erschien erstmals 2019 bei Hachette Livre (Hachette Tourisme) in Vanves, Frankreich.

Autorinnen: Ketty Quigley, Violaine Malié
Kartografie: Frédéric Clémençon, Aurélie Huot
Grafische Gestaltung des Innenlayouts und des Umschlags: Studio HelloÉlo
Layout: Elsa Godet
Leiter der Buchreihe: Jean-François Mallet

Verantwortlich: Claudia Hohdorf
Übersetzung: Thomas Rath
Redaktion: booklab
Korrektorat: Ulla Thomsen
Satz: booklab
Repro: LUDWIG:media
Herstellung: Alexander Knoll
Printed in Slovenia by Florjancic

ISBN 978-3-7343-2501-4

★★★★★

Sind Sie mit diesem Titel zufrieden? Dann würden wir uns über Ihre Weiterempfehlung freuen.
Erzählen Sie es im Freundeskreis, berichten Sie Ihrem Buchhändler, oder bewerten Sie bei Onlinekauf. Und wenn Sie Kritik, Korrekturen, Aktualisierungen haben, freuen wir uns über Ihre Nachricht an Bruckmann Verlag, Postfach 40 02 09, D-80772 München oder per E-Mail an lektorat@verlagshaus.de

Unser komplettes Programm finden Sie unter www.bruckmann.de

Die Deutsche Nationalbibliothek verzeichnet diese Publikation in der Deutschen Nationalbibliografie; detaillierte bibliografische Daten sind im Internet über http://dnb.d-nb.de abrufbar.